Kos – En perle i Egeerhavet

Stig Ulrichsen

Published by Nunatak, 2024.

Tilegnet min familie og alle oss som elsker å reise.

Stig Ulrichsen

Kos, En perle i Egeerhavet

E*t eventyr av opplevelser, skjulte skatter og historiske inntrykk*
Copyright © Stig Ulrichsen og Nunatak A/S, 2024
Forfatter: Stig Ulrichsen
Forlag: Nunatak A/S
Forsidebilde: Anna Klápštová
Omslag: Stig Ulrichsen

Forord og introduksjon

Velkommen til Kos, en perle i Egeerhavet, der historien er like fargerik som en regnbue, og øyas liv pulserer i takt med en energisk Zorba-dans. Her, sørøst for det greske fastlandet, blant de dodekanesiske øyene, finner du et landskap omfavnet av et krystallklart hav som inviterer deg til å svømme med delfiner og danse med havfruer. Kos er som å tre inn på en scene hvor naturen selv er scenografen, og historien spiller hovedrollen.

Øyas fjellkjeder, dramatisk opprevet fra sin opprinnelse i en vulkansk forestilling, minner om en scene hentet fra en gresk tragedie. Jorden danset som en gud da kontinenter beveget seg, og etterlot seg klippeformasjoner og lag av tertiærgeologi, hvor fossiler fra fortidens skapninger hviler som greske guder i ro. Å utforske Kos' landskap er som å være med i en levende forestilling – fra de majestetiske klippene ved Kamara-bukten, hvor jordskjelvets rytme kan få selv de mest erfarne til å skjelve, til de svevende fjelltoppene ved Dikeo Hristó som stolt ser ut over øya.

Her strekker fjelltoppene Vourkna, Kefála, Skenteri, Mavrovouni og Latra seg som en mektig catwalk, og inviterer eventyrere til å bestige deres imponerende høyder. Ved Thimiana finner du restene av Johannitterriddernes gamle borg

– en vakker påminnelse om fortidens storslagne arkitektur, en slags historisk haute couture i stein.

Kystlinjen, kysset av det karpatiske hav, ser ut som et maleri skapt av en impresjonist – fra Kap Psalidi til Kap Skandário, Aghios Fokas og Aghios Stefanos. De naturlige underverkene her folder seg ut som en ballett som speiler havets rytmer. Øyas rike jordbruk produserer saftige grønnsaker, frukt, oliven og vin som blir servert som delikatesser fra land og hav. Fiskeri, husdyrhold og turisme flettes sammen i en symfoni av smaker og dufter som fyller øyas kjøkken med ferske råvarer fra havet og markene.

Fisket er hjertet av Kos, og de daglige fangstene blir sendt til fiskemarkeder så langt unna som Pireus og Thessaloniki. Her, på Kos, finner du Dodekanesernes største fiskerisenter og en av Middelhavets største saltutvinningsbedrifter, der selv saltet fra havet blir en viktig ingrediens i øyas rike kulinariske arv.

Så kast deg ut i øyas dans med historien. La deg forføre av havfruenes sang og smak de søte fruktene Kos har å tilby. Her er du ikke bare en reisende, men en hovedperson i et evig eventyr, der fortid og nåtid danser sammen i en harmonisk vals – som greske guder som aldri vil slutte å danse.

Min personlige opplevelse på Kos startet da jeg og min trofaste kamerat, René, bestemte oss for å hoppe på eventyrflyet til Kos i midten av september 1989. Ja, hold fast – det er så mange år siden at til og med pyramidene ville ha sagt: "Oi, det der er gammeldags!" Men tro meg, vi var mer spente enn en katt på et klatrestativ, klare til å stupe inn i 90-tallets Hellas med all den glans og latter vi kunne finne. Målet vårt var enkelt, like enkelt som en gyros i solnedgangen. Det handlet om god mat, å møte nye mennesker (forhåpentligvis med nok solkrem), slappe av ved den store blå bassenget med svalende vann og en fantastisk utsikt over havet, og dra på oppdagelsesturer i Kos by eller små, bortgjemte fjellandsbyer.

Jeg må fortelle en liten historie om det med å dra på oppdagelsestur. På hotellet møtte vi noen flotte folk, og en av dem var Henrik, som hadde lyst til å dra ut og utforske, mens kona ble igjen på hotellet for å nyte solstrålene. Så vi tre bestemte oss for å legge ut på en scooterekspedisjon som skulle få oss til å føle oss som moderne greske helter – eller kanskje mer som Don Quijote på to hjul.

Dagen etter, da solen stekte mer enn en souvlaki på en grill, bestemte vi oss for å leie tre scootere og dra på eventyr langs de små, svingete veiene mot Asklepion. Dette fascinerende arkeologiske funnstedet ligger på en avsidesliggende bakketopp, omgitt av majestetiske sypresser og en atmosfære av total ro. Det regnes som en av de mest betydningsfulle arkeologiske ruinene i Hellas, og konkurrerer stolt med Akropolis i Athen. Dessverre var helligdommen like stengt som en gresk statsbudsjett på en mandag. Etter å ha beundret stedet på avstand gjennom den lukkede jernporten, hoppet vi opp på scooterne igjen og suste videre.

Snart summet scooterne som en gresk bouzouki mens vi klatret opp til en avsidesliggende fjellandsby. Gatene var like tomme som en tønne med fetaost etter en gresk fest, og kun skyggene av lokalbefolkningen satt og døste i varmen. Plutselig fikk vi øye på en eldre kvinne som vinket oss vennlig nærmere. Med et smil inviterte hun oss inn i hjemmet sitt, som viste seg å være en slags restaurant hvor bokseøl var kongen, og tomatsuppen fra en enorm gryte var dronningen. Vi børstet støvet av klærne og vasket hendene, mens den eldre kvinnen øste opp tomatsuppe som om hun la til litt magi i hver skje. Den dag i dag er det fremdeles den beste tomatsuppen jeg noen gang har smakt – en suppe så god at selv Zeus ville ønske han kunne smake den på Olympen.

Vi nøt stillheten og den deilige følelsen av å ha funnet et sted mer autentisk enn en gresk tragedie. Men akkurat da vi hadde lagt noen kontanter på bordet for å betale for denne magiske opplevelsen og var på vei tilbake til scooterne våre, slo virkeligheten ned i oss som en stor fetaostkule. Turistbusser, fylt med folk som så ut som en flokk sultne måker, hadde landet i gatene, og autentisiteten forsvant raskere enn en gresk yoghurt i solskinnet. Så mye for vår Robinson Crusoe-opplevelse, tenkte vi, og lo mens vi suste tilbake til basen vår, Hotel Okeanis – eller som det heter i dag; TUI BLUE Oceanis Beach.

Denne reisen vekket min kjærlighet for Kos og Hellas, og jeg har besøkt øya så mange ganger at jeg nesten føler meg mer gresk enn Zeus selv. Vel, dere skjønner hva jeg mener. I 1991 ga jeg ut en reiseguide med tittelen "Ultima Reiseguide: Kos", som mest av alt minner om en sort/hvitt-film. Å trykke den i farger var en dyr fornøyelse, så det er denne guiden jeg nå forsøker å gi litt mer farge og humor til, som en gresk dans på en solfylt dag. Her er min oppdaterte reiseskildring med mine beste tips, som også kan fungere som en guide. Så heng med på turen, og la eventyret begynne. God reise, eller som de sier på gresk: καλό ταξίδι!

Stig Ulrichsen, Januar 2024

Kos – et raskt overblikk

Kos ligger majestetisk nordvest for den imponerende øya Rhodos, kun 10 km fra den historiske kysten av Tyrkia. Med et areal på 295 km², er denne "delfin"-formede øya en lekeplass for rundt 30.000 innbyggere.

Kos International Airport "Hippocrates"

Kos International Airport "Hippocrates" ligger nær Antimachia, omtrent 27 kilometer fra den historiske byen Kos. Lufthavnen, som er oppkalt etter den legendariske legen Hippokrates, åpnet sine dører 4. april 1964 med en start- og landingsbane på beskjedne 1.200 meter. Målet var klart – å knytte øya til verden og fremme den stadig voksende turistindustrien. I 1973 ble landingsbanen utvidet til 2.390 meter, noe som åpnet for større passasjerfly og flere eventyr.

I 1980 kom en ny terminal som en del av moderniseringen, et arkitektonisk landemerke som speiler øyas karakter. Sommeren bringer et travelt bilde av charterfly, hvor rundt to millioner forventningsfulle turister ankommer årlig for å nyte de solfylte strendene, kulturelle skattene og øyas unike sjarm.

Kos' grønne landskap og historie

Kos byr på et mildt og grønt landskap, hvor naturen er formet av menneskelig hånd. Her finner du frukttrær, grønnsaksmarker og åkrer som endrer seg med årstidene. Det dramatiske landskapet fra andre greske øyer er fraværende her, men Kos' sletteområder og bølgende åser har sin egen tiltrekningskraft. Fjellene, med Dikaios Hristo som høydepunktet, gir mulighet for spennende fotturer, mens andre topper som Skenten, Kefala, Mavrovouni og Latra også kan utforskes.

Øyas flora, spesielt krydderurtene som Hippokrates en gang brukte i sine behandlinger, er et trekkplaster for naturelskere. Langs den 110 kilometer lange kystlinjen finner du både flate landskap og idylliske strender som Tigaki, Magic Beach, Paradise Beach, Kardamena og Mastichari. Hver strand har sin egen historie, fra de kraftige bølgene ved Tigaki til den familievennlige roen ved Kardamena.

Kos by og dens kulturelle perler

En spasertur gjennom Kos by avslører lag på lag av historie. Byen ble gjenoppbygd i 1934 etter et jordskjelv, og tilbyr i dag et fascinerende møte med gamle utgravninger, romerske villaer, badeanlegg og templer. Langs palmekledde promenader ved havnen finner du koselige tavernaer, bouzoukibarer og restauranter.

Casa Romana, en restaurert villa, viser imponerende mosaikker med havmotiver, mens Johanitterborgen, bygget i 1391, vokter byen som en påminnelse om tidligere tiders trusler. Det tyrkiske moskéområdet er en annen kulturell skatt, med sitt daglige liv og bønn. Torget med Hippokrates' statue og den store mosaikken er også verdt et besøk.

Markedet er en annen attraksjon – en overdækket oase av sydlandske frukter, grønnsaker og kjøttboder, med en atmosfære du ikke vil gå glipp av.

Oppdagelser på sykkel

Kos er kjent som en sykkelvennlig øy, og du kan enkelt leie en sykkel og tråkke deg gjennom den vakre naturen til Kefalos. Den gamle vindmøllen tilbyr panoramautsikt som vil ta pusten fra deg, og Agios Stefanos byr på den vakreste bukten. Agios Fokas, med sine sorte strender, gir deg også en fantastisk utsikt mot nærliggende øyer og det tyrkiske fastlandet.

Kos' økonomi er forankret i turisme, landbruk og fiske. Øya produserer vin, vindruer, honning og grønnsaker i rikelige mengder, hovedsakelig til glede for lokalbefolkningen og deres naboer.

Mytologiens magiske univers på Kos

Dykk ned i mytologiens fortryllende verden på Kos, hvor giganter og halvguder krysser hverandres veier, og øyas historie veves sammen med himmel og jord. I den greske oldtidsreligion var giganter ikke bare guder, men sønner av selve Himmel og Jord, Uranos og Gaia. En episk kamp fant sted mellom disse gigantene og de mektige olympiske gudene, hvor giganter ble beseiret og forfulgt.

En av disse modige giganter, Polyvotis, søkte tilflukt på Kos etter sitt nederlag. Poseidon, havets gud, forfulgte ham i et raseriutbrudd, og rev av et stykke av øya for å slynge det mot giganten. Resultatet ble Nisyros, en øy nordvest for Kos, skapt av guddommelig vrede og naturens krefter – slik mytene forteller. Dette er en vakker blanding av mytologi og naturens under, hvor legendene smelter sammen med virkeligheten.

Andre giganter, kjent som titanene, fant også ly på Kos etter sin kamp mot de olympiske gudene. Kynnos, Phebus og Korios var noen av dem, og deres tilstedeværelse ga øya det mytologiske navnet Kynnis. Kos ble et skjebnesvangert sted i den greske mytologien, spesielt med halvguden Herakles, sønn av Zeus og Alkmene, som en sentral skikkelse.

Herakles, som er kjent for sine store bragder og menneskelige svakheter, kom til Kos etter en tragisk hendelse der han, i et anfall av vanvidd, drepte sine egne barn. Hans vei til forsoning førte ham til Kos, hvor han møtte den unge Antagoras, en sauegjeter, i en voldsom konflikt. Kampen mellom dem eskalerte og involverte Herakles' følgesvenner samt lokale innbyggere. Etter tumulten søkte Herakles tilflukt i en fjern landsby, forkledd som en kvinne.

Fixioternes bystat ble et trygt tilfluktssted for Herakles, og gjennom en blanding av gjestfrihet og svik, ble han kronet til konge. Hans heltemot og besluttsomhet påvirket Kos' skjebne, og hans navn og gjerninger ble for alltid vevd inn i øyas historie. Etterkommere av Herakles, som hans sønn Thessalos, hersket senere over både Kos og Nisyros.

Historien

Kos i Pelasgernes forhistoriske favntak

Trå inn i Kos' forhistorie, hvor skyggene fra fortiden dekker øyas tidlige dager, og hvor mysterier fra steinalderen har forsvunnet i glemselens tåke. Øyas historie før historien er fremdeles en gåte, ettersom mange spor fra fortiden har gått tapt på grunn av voldsomme jordskjelv og tidens herjinger. For å forstå Kos' eldste dager må vi derfor stole på mytologi, gamle forfattere og deres poetiske beskrivelser av Koss' fortid.

Karerne, en av de eldste greske stammene, antas å være de første beboerne på Kos. Øyas første navn, Kouris eller Karis, vitner om deres tilstedeværelse. Pelasgerne, et stolt folk fra Thessalia og de første greske kolonistene, gjorde også sitt inntog og satte sitt preg på Kos' historie. Ruinene ved Paleoskala og Aghios Fokas er rester av deres gamle kultur og viser deres tidlige innflytelse på øya.

Triopas I, en mann beskrevet som både vis og intelligent, regjerte som den første kongen på Kos. Han ledet Pelasgerne på deres reise fra Thessalia og etterlot en arv som senere konger og dronninger bygde videre på. Under Triopas II's regjeringstid opplevde øya en blomstrende gylden æra, med allianser, blant annet med det minoiske Kreta, som styrket øyas posisjon i regionen.

Historien fortsatte å utvikle seg, og med ankomsten av achaierne, en indoeuropeisk folkegruppe, kom det store endringer på Kos. Achaierne erobret Kreta og utvidet sin makt over øyene i Egeerhavet, inkludert Kos. Dette markerte et skifte i tiden, og Kos' samfunn ble påvirket av nye krefter.

Kos' konge, Evrypylos II, kjent både fra mytologien og bekreftet av Homers episke verk, ble en historisk skikkelse. Hans regjeringstid, og særlig hans død i kamp med Herakles, formet øyas skjebne. Herakles' ekteskap med Halkiopi introduserte en ny herskerlinje på øya – Asklipiaderne.

Podalirios, sønnen til den legendariske legen Asklipios, overlevde Trojakrigen og fant tilflukt på Kos etter et skipsforlis. Han ble grunnleggeren av Asklipiaderne, herskerne på Kos, og deres 18. etterkommer var den berømte Hippokrates, som senere skulle bli grunnleggeren av den medisinske vitenskapens helligdom på øya.

Dorisk Dominans på Kos

På 1100-tallet f.Kr. kom dorerne, den tredje bølgen av greske innvandrere, og presset de tidligere herskerne, achaierne, ut av Hellas. Dorerne erobret store deler av det egeiske området og bosatte seg på øyer som Aigina, Kythira, Milos, Thera (Santorini), Kreta, Rhodos og Kos. Den kjente historikeren Strabon bekrefter at dorisk språk og kultur ble dominerende på disse øyene, inkludert Kos, som i denne perioden tok til seg denne nye kulturelle retningen.

Kos nøt stor økonomisk og kulturell vekst, hjulpet av den fruktbare jorden og påvirkningen fra ulike kulturer. Strabon beskriver Kos som et sted hvor innbyggerne drev med jordbruk, husdyrhold, fiske og til og med silkeproduksjon. Flere viktige byer vokste frem, inkludert Pamphylis, Antimahidon og Esthmioton, hvor innbyggerne viet seg til tilbedelse av guddommer som Demeter og Asklepios, guden for medisin og helbredelse.

På 700-tallet f.Kr. grunnla dorerne den såkalte "Seks Byers Allianse," som inkluderte Kos sammen med øyene Knidos, Halikarnassos, Jalissos, Kameiros, Lindos, Kalymnos og Nisyros. Denne alliansen hadde både økonomiske og religiøse formål, med sitt religiøse sentrum ved Apollons tempel nær Kap Triopio.

 STIG ULRICHSEN

Kos sin innflytelse og makt økte, og øya etablerte kolonier i Sør-Italia, kjent som Daunia. Kos' innbyggere viste sitt selvstendige sinn og klokskap ved å nekte å overlevere en kostbar fangst av en gylden trefot, og valgte i stedet å gi den til den vise filosofen Thales. Denne handlingen ble et symbol på øyas uavhengighet og visdom.

På 600-tallet f.Kr. gjennomgikk Kos politiske endringer og omfavnet demokratiet, påvirket av de athenske lovene til Solon. Selv om Perserriket på 500-tallet f.Kr. fikk kontroll over deler av Hellas, nektet Kos å støtte persernes kriger mot Hellas og ble sett på som en fiende av perserne. Kos' historie under dorernes herredømme var preget av en periode med kulturell og politisk blomstring, som satte øya på kartet som et viktig senter i Egeerhavet.

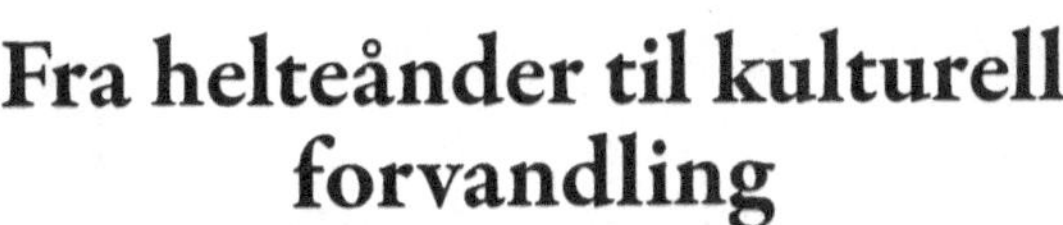

Fra helteånder til kulturell forvandling

I en fjern fortid, da legender omsluttet øyer som kosmiske perler, ble Kos' skjebne vevd sammen med dronning Artemisia av Karien, en alliert av den persiske kongen Dareios. En apollonsk skjebnetråd førte Kos inn i hjertet av den persiske krigsmaskinen. Fem skip fra øya sluttet seg til Xerxes' flåte, som forsøkte å knuse Hellas. I 480 f.Kr. ble Kos vitne til det avgjørende slaget ved Salamis, hvor de greske styrkene seiret mot perserne. Året etter, i 479 f.Kr., ved slaget ved Mykale, ble perserne endelig beseiret, noe som frigjorde flere øyer og sikret Kos en viktig rolle i Hellas' triumf.

I 477 f.Kr. ble Kos en del av Athen-Delos-sjøforbundet, en allianse ledet av Athen. Fra 468 f.Kr. opplevde øya en periode med vekst og velstand. Kos' innbyggere, stolte og uavhengige, nektet å hjelpe perserne under en epidemi som herjet i regionen. Dette viste deres lojalitet til Hellas og ønsket om å bevare friheten.

Under Peloponneskrigen (431-404 f.Kr.) sluttet Kos seg til Athen, og som et symbolsk bidrag sendte øya årlig en skatt på fem talenter til Athen. Men i 411 f.Kr. ble Kos invadert av Spartas flåte, ledet av Astyochus. Denne invasjonen kastet øya inn i en dyster periode. Mange innbyggere flyktet til Astypalaia, og snart fulgte et jordskjelv som rammet øya hardt. Athen sendte hjelp i form av forsyninger og penger, ledet av Alkibiades, for å gjenoppbygge Kos. En beskyttende mur rundt byen ble reist, men mange innbyggere flyttet fra det gamle sentrum og fulgte rådene fra den store legen Hippokrates om å bosette seg på tryggere steder.

Kos' landskap bærer fortsatt ar fra mykensk tid, med gyldne fragmenter fra geometriske gravsteder som en påminnelse om øyas rike fortid. Aristoteles beskrev byen som et travelt senter, og Strabon beskrev Kos som den best bygde byen blant øyene i Egeerhavet.

I 405 f.Kr. førte Lysanders seier til at Kos kom tilbake under Spartas kontroll, men i 394 f.Kr. organiserte admiralen Konon, etter seieren ved Knidos, en ny økonomisk oppblomstring for øya. Kos ble et senter for lærdom og kunnskap. Undervisning i musikk, gymnastikk og atletikk var essensielt for å forme unge sinn, og premiene for atletiske konkurranser gjorde helter av mange.

Mange berømte skikkelser kom fra Kos i denne perioden, som Epiharmos, grunnleggeren av siciliansk komedie, og den realistiske dikteren Irondas, som skrev om samfunnets laveste klasser. Mest kjent er kanskje Hippokrates, medisinens far, som satte Kos på verdenskartet med sine banebrytende teorier og praksis. Maleren Apellis, kjent for sitt berømte maleri av Afrodite som stiger fra havet, bidro også til Kos' kunstneriske storhetstid.

Men med storhet kommer ofte misunnelse. I 358 f.Kr. kom Mausolos fra Halikarnassos til Kos med sine tropper og i hemmelig samråd med øyas oligarker avskaffet han demokratiet. Han innførte et militært enevelde, noe som førte til at kulturlivet på øya stagnerte. Skolene ble stengt, og en episk kulturell æra gikk mot slutten.

Alexander den Stores forførende dans på Kos' bølger

I år 334 f.Kr. ble Kos en del av den stormfulle tiden under Alexander den Store, da øya innledet et nært forhold til makedonerne. Selv om Kos' allianse med Alexander var tett, fortsatte øyas folkeforsamling å utnevne sine egne statholdere for å sikre øyas autonomi og sikkerhet.

Året etter, i 333 f.Kr., opplevde Kos en kortvarig erobring av perserne under kommando av den rhodesiske generalen Mernnon, men friheten ble raskt gjenopprettet av Alexanders tropper, ledet av Ptolemaios. I 332 f.Kr. forsøkte perserne nok en gang å ta kontroll over Kos, men Alexanders flåte vant en avgjørende seier, som sikret øya en stabil fremtid i det greske riket.

Historien forteller også om den kosianske legen Kritodimos, som angivelig reddet Alexander den Store fra døden i India. Som en æresbevisning preget innbyggerne på Kos mynter med Alexanders portrett, en gest som befestet øyas tilknytning til den store erobreren. Andre medisinske storheter fra Kos, som Erasipatros, Nikas og Dexippos, delte også sin visdom, og Hippokrates' etterkommere fortsatte å bidra til utviklingen av legekunsten.

I denne perioden levde også den elegiske dikteren Theokrit, etterkommer av den berømte legen Simos. Født på Sicilia i 310 f.Kr., malte Theokrit med sine vers et levende bilde av bønder og hyrder, og hans poesi fanget både melankolien og gleden i det landlige livet.

Etter Alexander den Stores død ble Kos en del av Antigonos' rike. Øya blomstret videre under hans styre, og lovgivningen ble ytterligere perfeksjonert, noe som gjorde Kos til et forbilde for samfunnsorden og velstand. I 311 f.Kr. inngikk Kos en allianse med Egypt, under Ptolemaios, og tvang Antigonos til å gi fra seg makten over øya.

I 309 f.Kr. tilbrakte Ptolemaios og hans familie vinteren på Kos, hvor dronningen, Verenike, fødte en sønn som senere ble kjent som Ptolemaios II. I 306 f.Kr. beseiret han Demetrius Poliorkites og gjenforente Kos med det egyptiske kongeriket.

På 200-tallet f.Kr. møtte Kos nye utfordringer. I 266 f.Kr. ble øya beseiret av Antigonos Gonatas. I 220 f.Kr. deltok Kos i den første makedonske krigen mot Filip VI, og øya ble en del av en større allianse med Rhodos, Kalymnos og Nisyros.

Årene 205-204 f.Kr. markerte en harmonisk periode, der Kos, Kalymnos og Nisyros ble en forent enhet, med Kos som det ledende senteret. Men i 197 f.Kr. ble øya involvert i en større konflikt, da Kos og Rhodos kjempet på Romas side mot Filip VI. I den tredje makedonske krigen i 171 f.Kr. allierte Kos seg med både Rhodos og Roma.

Til tross for krigens tumult, opplevde Kos en bølge av velstand. I 122 f.Kr. besøkte Cleopatra, Egypts dronning, øya, og hennes skatter ble trygt oppbevart i Asklepion, Kos' helligdom viet til medisin.

Men den fredelige perioden ble brutalt avbrutt i 88 f.Kr., da Mithridates fra Pontos angrep Kos med voldsom krigføring. Han plyndret byen, tok Cleopatras skatter som bytte, og satte

Asklepion i flammer. Likevel fortsatte Kos sin dans gjennom historien, men nå under en ny makt: Romerriket, som tok sin plass som det sentrale riket i øyas videre utvikling.

En del av Romerriket

I den fortryllende epoken under det mektige Romerriket vokste Kos frem som en spesiell provins med unike rettigheter og innflytelse. Øya fikk en fremtredende posisjon, spesielt etter at keiser Antonius, fascinert av øyas sjarm, anerkjente innbyggerne som stolte romerske borgere med alle tilhørende privilegier. Dette hevet Kos til et møtested for noen av tidens mest betydningsfulle personer.

Året 38 f.Kr. brakte den jødiske tetrarken Herodes til Kos, og øya opplevde en blomstringsperiode under hans beskyttelse. Senere sikret innbyggerne seg gunst hos keiser Tiberius ved å støtte ham i hans konflikt med senatet. I 32 f.Kr. ble "Asklepieion" anerkjent som et fristed, og som takk reiste innbyggerne et imponerende minnesmerke til ære for Herodes, inngravert med takknemlighet.

Under keiser Augustus' styre i 30 f.Kr. opplevde Kos en vending, da innbyggerne ble pålagt å ære keiseren og hans datter Julia som gudinnen Artemis. Selv om Kos' befolkning fortsatte å nyte spesielle privilegier, måtte de tilpasse seg Romerrikets stadig skiftende politiske landskap.

I Neros tid ble et tempel reist til ære for ham på Kos, og innbyggerne ble tvunget til å hylle ham som en gud. Etter Neros fall ble denne praksisen imidlertid oppgitt. Kos opplevde også naturkatastrofer, og et voldsomt jordskjelv i 27 f.Kr. ødela store deler av øya, noe som forsterket den generelle nedgangsperioden.

Til tross for utfordringene fortsatte Kos å yte verdifulle tjenester til Romerriket og ble belønnet med skattelettelser og andre privilegier. Legen Xenofon helbredet keiser Claudius, og som takk ble Kos fritatt for skatter. Som en del av avtalen sendte Kos kunstverk til Roma, inkludert maleren Apellis' berømte verk "Den skumfødte Afrodite," som ble æret i keiserens tempel, ifølge den greske historikeren Strabon.

I perioden 69-79 e.Kr., under keiser Flavius Vespasianus, ble Rhodos utpekt som metropolen i Egeerhavet, og Kos ble styrt av romerske statholdere. Øya opprettholdt imidlertid sin stolthet og kultur, og både jordbruk, husdyrhold, håndverk og handel blomstret.

Under keiser Diocletian (284-305 e.Kr.), kjent for sin forfølgelse av kristne, forfremmet han seg selv til "Augustus" for å styrke Romerriket. Diocletian delte makten med fire medkeisere for å forbedre rikets administrasjon. Til tross for forfølgelsen av kristne, førte usikkerhet og vold til at stadig flere konverterte til kristendommen, og Kos' innbyggere var aktive deltakere i denne bevegelsen.

Da Diocletian trakk seg tilbake i 305 e.Kr., brøt det ut borgerkriger i Romerriket. Konstantin, som styrte den vestlige delen av riket sammen med Maxentius, beseiret Maxentius i 312 e.Kr. og omfavnet kristendommen etter sin seier. Som keiser utstedte Konstantin lover som sikret kristne retten til å praktisere sin religion, og den berømte Mediolanum-forordningen fra 313 e.Kr., utstedt i samarbeid med Licinius, keiseren over den østlige delen av riket, gjorde kristendommen til en lovlig religion.

Kristendommen begynte å slå rot på Kos, og det sies at apostelen Paulus besøkte øya under sine reiser og forkynte evangeliet under det berømte platantréet til Hippokrates. Legender forteller også om den hellige Xeni, som flyktet til Kos for å unnslippe sin rike fars vrede før hun dro videre til Lilleasia, hvor hun fant tilflukt i et kloster.

Mange år senere, i 1085, grunnla den hellige Christodoulos et kloster i den gamle landsbyen Pyli på Kos, og øya fortsatte å være et viktig religiøst og kulturelt sentrum i århundrene som fulgte.

Byzantinsk tid og venetiansk styre på Kos

I året 324 e.Kr. vant Konstantin den Store en avgjørende seier over Licinius etter en lang og utmattende borgerkrig. Denne seieren forandret ikke bare Kos, men hele Romerriket. Som keiser tok Konstantin en monumental beslutning – han erklærte kristendommen som rikets offisielle religion og ga byen Byzantium et nytt, fortryllende navn: Konstantinopel. Dette markerte starten på det storslåtte bysantinske riket.

Kos, en vakker perle i Middelhavet, ble en provins i det nye bysantinske riket. Med de bysantinske keiserne kom en tid med fred og velstand, men til tross for dette var øya stadig utsatt for angrep fra fiender av Byzants. Nordslavere, bulgarere, sarasenere, genovesere, venezianere, korsfarere, arabere og tyrkere angrep Kos som bølger mot en skjør båt, og øya slet med å gjenvinne sin tidligere prakt.

I 554 e.Kr. rammet en naturkatastrofe da et voldsomt jordskjelv ødela store deler av øya. Den bysantinske historieskriveren Agathias beskrev Kos som et landskap av ruiner etter skjelvet. Øyas kulturelle blomstring ble avbrutt, og som mange andre greske byer opplevde Kos en nedgangstid.

Venezisk kontroll og Johannitterordenens herredømme

I 1204, etter det fjerde korstoget, falt Kos under venetiansk kontroll og ble et fyrstedømme styrt av Leon Gavala, en fryktløs hersker. Øya ble kortvarig gjenerobret av det bysantinske riket i 1262 da keiser Mikael Palaiologos tok den tilbake.

Fra 1304 begynte en periode med vekslende kontroll, der genovesere, venezianere og riddere fra Johannitterordenen regjerte øya. I 1312 ble øya plyndret av catalanske pirater tre år på rad. Johannitterne, ledet av Foulques de Vilaret, kjempet mot piratene og tok til slutt kontrollen over Kos, der de styrte i hele 218 år.

I denne perioden ble festningene i Antimahia og Kardamena reist som stolte forsvarsverk. Johannitterne var delt inn i ulike ordener basert på språk, og Kos var underlagt Provence-ordenen. I 1356 ble flere ordener forent under et møte i Avignon, og Kos ble en integrert del av den samlede ridderorden.

Som en kuriositet ble øya pålagt å bygge en galei med 23 årer hvert år som en skatt til Johannitterne, et symbol på øyas plikt og lojalitet til ordenen.

Og så angreb Tyrkerne

I historiens tågede kalejdoskop fremstår et av de mest turbulente kapitlene i Kos' fortid, da tyrkisk herredømme kastet sine mørke skygger over øya. Før Kos kunne puste lettet ut etter venetiansk kontroll, ankom en ny erobrer – en skjebnesvanger dag, den 3. juni 1457.

Som et voldsomt uvær ankom 18.000 tyrkiske krigere på Kos' kyster. Med 156 skip, lastet med formidable våpen og ledet av den fryktinngytende admiral Hamza, satte de kursen mot festningene ved Pyli, Kefalou og Antimahia. Til tross for de tapre forsvarernes modige motstand og ubøyelige kampvilje, måtte de se sine festninger plyndret og innbyggerne flykte i kaos.

Men tyrkernes erobringslyst var urokkelig. De angrep igjen, denne gangen under kommando av Mehmet II. Selv da, nektet øya å bøye seg for erobrernes vilje. Det lykkedes den pavelige flåte, ledet av Lodovica Scarampi, å befri flere av de undertrykte øyene, og Kos ble frigjort for en stund. Tyrkerne klarte heller ikke å måle seg med Johannitterne fra Malta, som modsto deres angrep.

I desember 1522, etter utallige måneders beleiring, falt ridderne Lango – som Kos også ble kalt – endelig i tyrkiske hender. I 1523 døpte Sultan Suleiman øya om til "Stankiöy", og tyrkerne innledet en brutal periode med herredømme. Deres voldelige fremferd kunne imidlertid ikke knekke innbyggernes stolthet. Kos' befolkning utnyttet enhver mulighet til å utfordre tyrkerne og minnet dem om at det kun var grekere som skulle dyrke øyas marker.

Til tross for fryktelige skjebner som Johannes Nafkliros, som ble brent på bålet i 1609, og den ødeleggende eksplosjonen av et dynamittlager i 1816, forble befolkningen standhaftig. Etter lange perioder åpnet skolene på Kos igjen, og de var i drift fram til 1821.

Kos' innbyggere nektet å gi opp håpet om frihet. De viftet med greske flagg i motvind og stod side om side med greske frihetskjempere som Miaoulis og Sahtouris. Ved Kap Skandario beseiret de den egyptiske flåten ledet av Ismail Gibraltar. Mange kosianere betalte den høyeste prisen for frihet.

Tyranniets åk lå fortsatt tungt over Kos, og nyheten om vellykkede opprør på fastlandet vekket tyrkernes raseri. De heltemodige frihetskjemperne på Kos ble brutalt henrettet, og mange ble hengt på det ikoniske platantréet til Hippokrates. En spesiell stein, som vokste til et symbol på motstand og frihet, ble kjent som "Kako Prinari" (den onde steineika). Dette stedet bærer fortsatt de arrene fra historiens voldelige kapittel den dag i dag.

Illusionen om de italienske befriere

I foråret 1912, mens havets brise dansede over Kos' kyster, endrede øyas skjebne seg drastisk. Italienske styrker ankom øya og drev de tyrkiske erobrerne bort, noe som ga Kos' innbyggere nytt håp. Befolkningen omfavnet italienerne som befriere, og et sterkt ønske om å bli en del av Hellas blomstret opp. En resolusjon ble lagt fram, og italienerne nikket tilsynelatende enig. De erklærte at Kos skulle forbli gresk med dype røtter, og at det tyrkiske åket, som hadde forårsaket så mye lidelse, aldri mer ville kaste sin mørke skygge over øya.

Men denne gleden skulle snart visne som blomster under en brennende sol. Da Mussolini steg til makten i 1918, forvandlet de italienske fascistene seg til nye tyranner på Kos. Jorda lå ubrukt og ble overtatt av den italienske staten. Økonomiske krisetider førte til tunge skatter, og de greske skolene, som en gang gjenlød av barnelatter og læring, ble stengt én etter én. Elevene måtte kjempe seg gjennom grunnskolen, men for å fortsette til gymnasiet ble de tvunget til å bli med i "Balilla", den fascistiske ungdomsorganisasjonen. Utdanning ble et offer for fascismen, og bare noen få modige sjeler fikk hemmelig undervisning.

Det italienske språket snek seg inn i skolene, og de italienske myndighetene forsøkte å forme Kos' barn til å bli lojale mot det italienske regimet. Religionsfriheten ble strupet, og det ble forbudt å ordinere prester. En langsom forandring av troen begynte å spre seg på øya. Midt i dette marerittet rammet et ødeleggende jordskjelv Kos i 1934. Italienske arkitekter ble kalt inn for å hjelpe med gjenoppbyggingen, og byen reiste seg fra ruinene, selv om 80 % av husene hadde blitt ødelagt.

Da Mussolini falt fra makten, håpet innbyggerne på Kos at friheten endelig skulle komme. Øya kom kort under britisk kontroll, men bare i 20 dager, før tyskerne tok over den 3. oktober 1943. De neste 18 månedene ble noen av de mørkeste i Kos' historie, med sult og redsel som spredte seg over hele øya.

Den 9. mai 1945 ble Kos frigjort av britiske styrker, og den 7. mars 1948 ble øya endelig forent med moderlandet Hellas, et etterlengtet lyspunkt i enden av en lang og stormfull tunnel. Kos' befolkning kunne endelig puste fritt igjen, og i 1981 ble øya en del av EU sammen med resten av Hellas.

Viktige årstall

Her er en kort oversigt over Kos' bemærkelsesværdige historie, præsenteret gennem nøgleårstal, som tilsammen danner et farverigt billede af øens rige fortid:

700 f.Kr.: Kos slutter seg til *Hexapolis*, De Seks Byers Forbund, sammen med øyer som Halikarnassos. Denne alliansen, både militær og kommersiell, styrker Kos' innflytelse i regionen. Takket være øyas strategiske plassering, blir den en dominerende aktør i handel og politikk.

477 f.Kr.: Etter slaget ved Salamis blir Kos med i det athensk-deliske sjøforbundet, ledet av Athen. Forbundet markerer en ny politisk æra for øya, som veksler mellom å støtte Athen og Sparta avhengig av hvilke fordeler som tilbys i det stadig mer kaotiske greske landskapet.

460 - 377 f.Kr.: Hippokrates, kjent som "medisinens far", blir født på Kos, og hans arbeid gjør øya til et senter for medisinsk kunnskap. *Asklepieion*, et helligdoms- og helbredelsessenter, blir grunnlagt og tiltrekker pasienter fra hele Middelhavet, og blir et sentralt medisinsk sentrum i århundrer fremover.

411 f.Kr.: Under den peloponnesiske krigen rammes Kos av harde angrep fra Sparta, spesielt under admiral Astyochus. Mange av innbyggerne flykter fra øya, og dette markerer en midlertidig nedgang i øyas status både politisk og økonomisk.

334 f.Kr.: Kos allierer seg med Aleksander den Store og blir en viktig militærbase for hans felttog i øst. Aleksanders admiral, Amphoterus, erobrer øya i 332 f.Kr., og dette markerer starten på makedonsk innflytelse på øya.

323 f.Kr.: Etter Aleksander den Stores død blir Kos en del av Ptolemeernes rike i Egypt, og øya blomstrer kulturelt, spesielt innenfor kunst og vitenskap. Dette innleder en ny gullalder for Kos.

205 f.Kr.: Kos danner en enhet med de nærliggende øyene Kalymnos og Nisyros og styrker sin politiske og økonomiske posisjon under romersk kontroll. Øyas rolle som en regional maktfaktor blir tydelig i denne perioden.

102 f.Kr.: Kleopatras besøk på Kos ender tragisk da Mithridates VI av Pontos plyndrer øya og tar Kleopatras skatter som bytte under sin kamp mot romerne. Denne hendelsen setter dype spor i øyas historie under det romerske imperiet.

30 f.Kr.: Et kraftig jordskjelv ryster Kos og fører til betydelige ødeleggelser. Romerske myndigheter gjennomfører en omfattende gjenoppbygging, og øya gjenoppretter gradvis sin tidligere posisjon.

325 e.Kr.: Kos blir en del av det bysantinske riket under Konstantin den Store, da kristendommen blir den offisielle religionen. Dette markerer et skifte i øyas religiøse og kulturelle utvikling, med bygging av kirker og religiøse strukturer.

554 e.Kr.: Et ødeleggende jordskjelv rammer Kos, og store deler av infrastrukturen blir ødelagt. Til tross for ødeleggelsene fortsetter øyas historie, og den blir gjenoppbygd under bysantinsk styre.

1204: Etter det fjerde korstoget blir Kos en del av Venezia og blir omgjort til et fyrstedømme. Øya gjennomgår en kulturell forvandling, mens Venezia konsoliderer sin makt i regionen.

1457: 18 000 tyrkiske soldater invaderer og erobrer Kos, noe som markerer starten på flere århundrer med osmansk styre. Øya går inn i en periode med ustabilitet som en del av det osmanske riket.

1912: Italienske styrker lander på Kos og avslutter det osmanske styret. Italienerne gjennomfører moderniseringsprosjekter, inkludert infrastruktur, og dette markerer starten på en ny epoke for øya.

1934: Et jordskjelv ødelegger store deler av Kos. Italienske arkitekter hjelper til med gjenoppbyggingen av byen, og dagens byplan viser fortsatt spor av denne gjenreisningen.

1945: Britiske styrker befrier Kos fra tysk okkupasjon etter andre verdenskrig, og øya blir midlertidig kontrollert av britene til dens fremtid avgjøres.

1948: Kos blir endelig forent med Hellas som en del av Dodekanesene etter mange år med fremmed styre. Dette er en lenge etterlengtet triumf for øyas befolkning, som nå blir en del av den greske nasjonen.

1981: Som en del av Hellas blir Kos med i EU, noe som åpner for nye økonomiske og kulturelle muligheter for øya. Kos integreres i det europeiske fellesskapet og nyter godt av nye investeringer og turisme.

Kos by

Trå inn i hjertet av Kos, hvor historie og moderne livsstil smelter sammen i en by som pulserer med energi og sjarm. Kos by, hjem for nesten 13.000 innbyggere, er mer enn bare en by; det er en fortelling om gjenoppstandelse og tidløs skjønnhet.

Tenk deg en by som reiser seg fra asken som en føniks, da italienske arkitekter i 1934 brukte sin ekspertise til å skape en perle ved Egeerhavet. Etter at 80 prosent av byen lå i ruiner etter et jordskjelv, står Kos i dag som et stolt symbol på gjenoppbygging og styrke.

Hvite hus står tett sammen, omgitt av fargerike blomster og frodige planter som maler byen i en naturlig palett av skjønnhet. Hvert gatehjørne er en visuell opplevelse, en symfoni av kontraster som forenes i en unik estetikk.

Utforsk byens sjarm på sykkel, og la deg føre langs den overdådige palmeavenyen som omkranser festningen. Her møtes fortid og nåtid, og hvert tråkk åpner for nye kapitler av byens rike historie.

La blikket hvile på Hippokrates' tre, et levende monument som har sett århundrer passere. Dykk ned i byens sjel gjennom de mange antikke utgravningene som bringer fortiden til live. Kos by er en arkitektonisk skatt, formet av de mange kulturene som har preget dens gater og plasser.

Strender

Strendene på Kos utfolder seg som gyldne tepper av ren paradisisk velvære. La oss ta et dypdykk i øyas vakreste sandstrender og oppleve magien i Middelhavets bølger.

Lambi-stranden strekker seg vestover som en kjede av gyldne sandkorn mot horisonten ved Kos by. Denne stranden, som ligger langs den vestlige utkanten av Kos by, er et flott organisert strandområde som ønsker turister velkommen med åpne armer og en overflod av fasiliteter. Den er lett tilgjengelig både med privat og offentlig transport, og du kan også ta en fredelig spasertur eller sykkeltur fra Kos by. Stranden tilbyr en perfekt kombinasjon av kosmopolitisk komfort og den uberørte skjønnheten ved det egeiske havet. Etter en dag med sightseeing i Kos by, kan du finne ro og avslapning på Lambi Beach, hvor tiden går i et behagelig, langsomt tempo.

Aghios Fokas-stranden, som ligger bare seks kilometer sør for Kos by og to kilometer fra de kjente Therma-kildene, er et subtilt mesterverk. Her smelter svart sand sammen med skinnende svarte småstein, som stjerner mot nattehimmelen. Stranden ligger som en fredelig oase unna byens travelhet, og her kan du slappe av til lyden av bølger som forsiktig treffer stranden. Stranden er lett tilgjengelig med bil, motorsykkel eller lokalbuss, og reisen til Aghios Fokas blir en del av opplevelsen i seg selv.

Tigaki-stranden, perlen langs Kos' kyst, ligger bare 12 kilometer fra den pulserende Kos by. Denne stranden har silkemykt, hvitt sand som strekker seg langt utover, og her venter øyeblikk med ren avslapning. Til tider kan sterke bølger og frisk bris feie over stranden, men det er nettopp denne dynamikken som gir Tigaki-stranden sin unike sjarm.

Dykk ned i eventyret ved Paradise Beach, sannsynligvis den mest kjente stranden på Kos. På den ytterste enden av den lange, gyldne stranden i Kefalos, åpner dette paradiset seg opp, og om sommeren pulserer det ofte av liv og glede. Her venter solsenger og parasoller, klare til å gi deg avslapning og fred. Sett deg ned og la tiden stå stille mens du nyter omgivelsene. Øverst på stranden lokker en restaurant med utsikt over bukten, hvor du kan nyte et deilig måltid, eller kanskje sette deg på en av de mange barene og la en forfriskende drikk fullføre din lykke.

Er du eventyrlysten? Vannsportenes magiske verden ligger klar til å bli utforsket, med et stort utvalg av aktiviteter du kan velge mellom. Paradise Beach er stedet hvor både avslapning og opplevelser møtes i perfekt harmoni.

Camel Beach, som en skjult perle langs Kefalos-kysten, ligger mellom den populære Paradise Beach og Kefalos Bay. Denne bortgjemte stranden tilbyr en rolig flukt fra de mer travle strendene. Her omfavner det klare, litt kjølige vannet kysten, og stillheten fyller sjelen med ro. En spesiell klippeformasjon, som ligner en kamel, gir stranden sitt navn. Når solen går ned, og dens stråler treffer horisonten, trer denne naturlige skulpturen frem og gir stedet en magisk atmosfære. Camel Beach er en liten, men uforglemmelig oase for de som søker ro og naturens skjønnhet.

Cavo Paradiso er en avsidesliggende strand som ligger en halv times kjøretur fra Kefalos, men reisen hit er som en pilgrimsferd. Veien fører deg først til Agios Ioannis-klosteret, men derfra tar en grusvei deg dypere inn i det ukjente, til den sørligste spissen av øya. Når du kommer fram, åpenbarer et vakkert panorama seg for dine føtter, med turkist vann som smelter sammen med den dype blå horisonten. Stranden strekker seg som en uendelig drøm, hvor du kan finne ro midt i en naturens symfoni av farger og lyder. Dette er et sted hvor tid og travlhet forsvinner, og naturens majestetiske skjønnhet tar over.

Cavo Paradiso er et sted for dem som søker ekstra ro, med et perfekt hvilested som gir en praktfull utsikt over den storslåtte naturen. Her kan du stoppe opp og fange øyeblikket med noen bilder eller bare ta deg tid til å nyte og absorbere naturens skjønnhet. Vannet er fortryllende, og stranden strekker seg over flere kilometer. Selv om parasollene skulle være opptatt, kan du enkelt finne ditt eget private tilfluktssted vekk fra mengden. For de tørste er det også en liten bar tilgjengelig, slik at du kan nyte noe forfriskende mens du lar eventyret utfolde seg og opplever den unike skjønnheten ved Cavo Paradiso.

Kochilari-stranden, som ligger på nordsiden av Kefalos, er kjent som et mekka for vindelskere, spesielt for dem som elsker kitesurfing. Stranden har en egen kitesurfingstasjon, hvor du kan prøve deg på denne spennende sporten. For å nå dette vindfulle paradiset tar du veien mot nord, rett før ankomst til Kefalos Bay. Stranden er langstrakt og byder på myk sand over store avstander. Selv om du ikke er en kite-entusiast, kan du fortsatt finne et stille hjørne på denne mindre travle stranden, der bølgene leker i sandet. Sommermånedene bringer hovedsakelig vind fra nord, som skaper perfekte forhold for kitere som liker bølgesurfing. Vannet blir gradvis dypere, og de skummende, grunne områdene gir en utfordrende og spennende opplevelse for de eventyrlystne.

Kamari Beach, langt borte fra byens kjas og mas, ligger for enden av Kefalos-stranden, rett forbi havnen. Denne småsteinstranden er ofte oversett på grunn av sin særegenhet, men det er nettopp dette som gir den sin unike sjarm. Fra stranden kan du se den lille øya Kastri, som ligger som et steinskulpturert mesterverk midt i det turkisblå Egeerhavet. Kastri-øya, med sitt klippefylte landskap og sparsomme vegetasjon, har en rik historie. På toppen av øya ligger ruinene av et gammelt slott, som i sin tid voktet bukten mot pirater og fiender. På den andre siden av øya finner du et lite kapell i blått og hvitt, viet til Saint Nicolas, sjøfarernes skytsengel. Dette vakre kapellet er et fredelig sted som inviterer til refleksjon og ro.

Kastri-øya kan nås med båt eller for de eventyrlystne, med en svømmetur fra Kefalos-stranden.

La meg ta deg med til **den magiske stranden**, et sted som lever opp til navnet sitt, hvor det føles som om selve luften er fylt med fortryllelse. Denne stranden markerer den første organiserte delen av den lange strekningen av sandstrand som strekker seg flere kilometer langs sørkysten av Kefalos. Her, på dette solfylte stedet, kan du la bølgene hviske historier om fjerne kyster mens solen maler himmelen med varme farger.

Rett ved siden av, på østsiden, finner du **den eksotiske stranden**, en nudiststrand hvor kropp og natur smelter sammen i en malerisk harmoni. Her er frihet nøkkelordet, hvor sanden kjærtegner føttene dine og havet møter himmelen i en vakker fusjon av lys og vann. Det er et sted for refleksjon og tilbaketrekning, der grensene mellom menneske og natur opphører.

Kamari Beach ligger ikke langt unna, dekket av småstein, men perfekt for de som søker ro og eventyr. Selv om bølgene kan være intense, skaper de en herlig rytme som er en gave til de badende. Her kan du finne en taverna rett ved stranden, hvor kulinariske herligheter og avkjølende drikker venter på deg. Utsikten over den lille øya Kastri gir Kamari Beach en helt spesiell atmosfære – det er en oase av ro og naturlig skjønnhet.

Aghios Theologos Beach, et paradis skjult fra tidens gang, ligger omtrent 7 kilometer sørvest for Kefalos. Navnet stammer fra Aghios Ioannis Theologos, Sankt Johannes Teologen, som blir feiret hvert år 29. august under en lokal festival. Reisen til denne stranden, på en støvete vei som snor seg gjennom det dramatiske landskapet, er som en reise tilbake i tid. Klipper og skjulte bukter venter på de som er eventyrlystne nok til å utforske denne urørte kystlinjen.

I nærheten av Aghios Theologos ligger **Kata Beach**, en annen skjult perle. Denne avsidesliggende stranden er et perfekt eksempel på naturlig skjønnhet, bortgjemt fra de vanlige turiststiene. Her, blant uberørt natur, venter en strandopplevelse som er både fredelig og spektakulær.

Vannet rundt **Kata Beach** danser i nyanser av turkis og dypblått, og omfavner kysten som en kjærlig klem. Sandet er mykt og innbydende, og når du vandrer langs stranden, føler du historiens sus. På den fjerne enden av stranden hviler et skipsvrak som en stille vitne til tidligere tiders utfordringer, en påminnelse om naturens ubønnhørlighet og menneskets mot.

Vraket, som ligger som en tidskapsel fra fortiden, gir stranden et unikt og definerende landemerke, og gjør stedet bemerkelsesverdig.

Fjern fra turistmylderet, tilbyr Kata Beach en oase av ro. Her kan du virkelig fordype deg i naturens stillhet og la deg fascinere av den storslåtte utsikten som strekker seg uendelig over horisonten. Denne stranden er et perfekt valg for de som søker fred og en følelse av isolasjon i naturskjønnhet.

Kardamaina-stranden, derimot, tilbyr et rolig tilfluktssted for familier, omtrent 30 km unna den travle byen. Her kan du slappe av og la bølgene skylle bort stresset, mens du nyter den fredfulle atmosfæren ved havet. Stranden strekker seg langs vestkysten av Kardamaina med et gyllent sandteppe som møter det krystallklare Egeerhavet. Den lange strekningen inviterer deg til å fordype deg i total avslapning.

I enden av stranden møter du et robust klippepromontorium som naturlig skiller Kardamaina fra Kefalos. Dette danner en grense mellom to vakre verdener. På østkysten av Kardamaina danser strendene i takt med det brusende havet, og denne naturskjønnheten strekker seg over flere kilometer. I horisonten reiser **Dikaios-fjellkjeden** seg majestetisk, og skaper en dramatisk kontrast mellom de robuste fjelltoppene og det rolige havet. Dette gir østkysten av Kardamaina et helt unikt preg, der naturens kontraster møtes på en harmonisk måte.

Mastichari Beach, beliggende omtrent 15 km fra Kos by, er en skjult perle som oser av idyll. Denne stranden har en sjarmerende liten havn, omkranset av et panorama av sanddyner og pinjetrær som skaper en rolig og avslappet atmosfære. Den gyldne sanden strekker seg milevis langs kysten, og den fantastiske utsikten til de nærliggende øyene gir en magisk følelse. Her kan du slå deg ned på en solstol under en parasoll eller la føttene synke ned i det varme sandet, helt etter eget ønske.

En liten sti fører deg til enden av bukten, hvor du kan finne mer privatliv mellom sanddynene. Dette området nyter en lett bris, noe som gir en behagelig lindring i de varme sommermånedene, og den nordlige vinden bringer ofte bølger som begeistrer surfere. Selv om tang noen ganger kan samles langs kysten, forstyrrer det ikke de mange aktivitetene tilgjengelig. Stranden har volleyballnett, basketballbaner, og spennende muligheter som windsurfing og katamaranseilas. For de yngste er det til og med en lekeplass som gjør ettermiddagen enda mer underholdende.

Når du er her, må du ikke gå glipp av solnedgangen – fargene på himmelen er forskjellige og unike hver gang, og skaper uforglemmelige øyeblikk. Området er også hjem til mange tavernaer og kaféer, der du kan nyte et måltid eller noe kaldt å drikke mens du lytter til bølgene.

Videre, for de som søker enda mer ro, ligger **Lakkos Beach** bare noen få kilometer fra Mastichari, like etter kraftverket. Lakkos er en avsidesliggende strand, liten i størrelse men med en helt egen sjarm. Det myke sandet og det krystallklare vannet gjør dette til et perfekt sted for en forfriskende svømmetur. Den avsides beliggenheten betyr at du ofte finner fred og ro her – et ideelt sted for å lese en bok eller bare lytte til havets beroligende lyder.

Severdigheter

Kos, denne fortryllende perlen i Egeerhavet, er en skattekiste av historiske underverker som bringer fortiden til live. Gjennomsyret av kulturell rikdom og arkeologisk betydning, tilbyr øya en reise gjennom tidens mange lag.

De historiske severdighetene i den gamle Kos by er som en åpen bok, hvor hvert kapittel forteller en fascinerende historie. Utgravningene, som har stor arkeologisk verdi, står som imponerende vitnesbyrd om en svunnen tidsepoke. Kos by er delt inn i fire soner, og hver sone åpner opp for unike skatter og uforglemmelige opplevelser.

Start med havnesonen, der historien lever langs kysten. Her kan du se restene av gamle murer og forsvarsverk, og føle historiens puls. Den vestlige sonen skjuler hemmeligheter fra fortiden, der gamle steiner hvisker historier som vinden har båret med seg gjennom århundrene.

Gå videre til den sentrale sonen, hvor du vil oppleve hjertet av det historiske Kos, med mykenske bosetninger og geometriske underverk som venter på å bli utforsket. Til slutt, i den østlige sonen, finner du flere historiske skatter som hver forteller sitt eget kapittel av Kos' rike fortid.

Sentralsonen

I Kos er som en fortryllende labyrint av historiske skatter som tar deg med på en reise gjennom tidens mange lag. Dette fascinerende området består av rester fra en mykensk bosetning og den geometriske perioden, og det skjuler skatter fra tidlig kristendom.

Utforsk de arkeologiske underverkene, der gjenstander av kobber og statuetter av de mektige greske gudene har blitt avdekket – kastet i tidens tåke, men nå stille vitner om en forgangen æra. Gå inn i fortiden og oppdag et antikt bolighus, hvor mosaikkene forteller historier om Asclepius og Hippokrates. Disse fantastiske mosaikkene, laget med stor dyktighet og omtanke, pryder nå veggene i det lokale museet, som fungerer som en tidsmaskin tilbake til det 2. og 3. århundre.

Mens du vandrer gjennom de gamle gårdsrommene, kommer du over et lite basseng, en tidslomme fra det tredje århundre e.Kr. Lyden av vannet som sakte renner minner om en svunnen tid, mens mosaikkene på bunnen stolt forteller sin historie.

Havnesonen er som et levende teater, der selv steinene ser ut til å fortelle historien om en svunnen tid. Hvert arkitektoniske trekk og hvert inngravert ord forfører deg og lar fortidens sjel danse gjennom nåtiden. Når du spaserer gjennom havneområdet, trer du inn i hjertet av Kos' historie, hvor utgravningene har avdekket fragmenter av den majestetiske antikke bymuren. Denne arkitektoniske perlen, som ble påbegynt på 400-tallet f.Kr., har en imponerende høyde på gjennomsnittlig 7 meter og varierer i bredde.

Blant disse historiske skattene finner du Herakles-helligdommen, et hellig område som måler 12,5 x 9 meter og daterer seg tilbake til 300-tallet f.Kr. Inskripsjoner på steinene avslører at tempelet var viet til den mytologiske helten Herakles. Her kan du også beundre gulvmosaikker som skildrer scener med Orfeus og et rikt dyreliv.

Når du vandrer videre gjennom havnen, møter du Agora, en gang et myldrende marked, nå representert ved to stående og overbygde søyler. Dette området inviterer deg til å forestille deg hvordan handelslivet og samfunnet en gang må ha blomstret her.

Ikke langt unna, i den samme historiske rammen, finner du Afrodites tempel, som stammer fra 400-tallet f.Kr. Denne helligdommen var dedikert til kjærlighetens gudinne Afrodite, og står som et levende monument over fortidens storhet og hengivenhet til gudinnen.

Den vestlige sone

På Kos er en inngangsport til fortiden, der historien vever sine fascinerende fortellinger. Her kan du forestille deg det storslåtte antikke gymnaset, *Xysto*, med sine majestetiske søyler. Sytten av de opprinnelige 81 søylene står fremdeles stolt og vitner om den gamle storheten som engang preget stedet.

Når du beveger deg videre, finner du restene av gamle kristne basilikaer som har tatt plass over deler av de romerske badene. En titt på *Nymphaion*, et mesterverk fra det tredje århundre, gir et unikt innblikk i dagliglivet fra den gang, da dette engang var et offentlig bad og toalettanlegg.

Et høydepunkt i den vestlige sone er mosaikken "Europas bortførelse", som dramatisk fremstiller den nakne Europa, grepet av tyren Zeus, som bærer henne gjennnom bølgene til *Eros*, som holder en brennende fakkel.

Videre kan du oppleve *Odeion*, et kulturelt sentrum som fortsatt pulserer med arrangementer. I det tredje århundre var dette stedet for teaterforestillinger og konserter, og du kan fortsatt forestille deg de samme aktivitetene finne sted i dag. Stedets betydning ble brakt frem i lyset av den lidenskapelige italienske arkeologen og kunsthistorikeren Luciano Laurenzi på 1930-tallet.

Ta turen til *Casa Romana*, et restaurert romersk hus med tre vakre atrier og romslige rom. Freskoer, mosaikker og marmorgulv er nøye bevart og viser livet i det tredje århundre. Bygget av romerne på ruinene av et hellenistisk hus, er dette et sted som forteller en levende historie. Mosaikker av havfruer, løver i kamp og mytologiske figurer venter på å bli utforsket som kunstneriske skatter fra fortiden.

Casa Romana er et absolutt høydepunkt for alle som vil oppleve et dypdykk i Kos' rike og fengslende historie.

Den østlige sone

På Kos er et vindu til en fascinerende fortid, selv om mange av de opprinnelige mosaikkene nå har funnet et nytt hjem på museet i Rhodos. Blant de mest bemerkelsesverdige kunstverkene som en gang prydet denne sonen, var en mosaikk som skildret havguden Poseidons heroiske kamp mot den fryktinngytende giganten Polyvotis. Dette mesterverket, ansett som et av de vakreste funnene på Kos, er dessverre flyttet, men ånden fra denne utrolige scenen lever videre i minnene om stedet.

Til tross for at noen av kunstverkene er borte, er det fortsatt mange skatter å oppdage innenfor murene av festningen i den østlige sonen. Her finner du rester av statuer, gamle kanoner, kirker, og hus fra den bysantinske perioden, som dateres tilbake til rundt år 300 etter Kristus. Det imponerende festningsverket, som fremdeles står i dagens lys, vitner om en tid med storslått militærarkitektur. En del av festningen bærer preg fra middelalderen, inkludert bymuren som ble reist mellom 1390 og 1396 for å beskytte byen.

Det er et sted hvor historien møter deg ansikt til ansikt, og hver stein og hver struktur forteller en del av den rike historien til Kos.

Festningen

I Kos by vekker umiddelbart oppmerksomhet med sine vakre venetianske buer ved inngangen, som står som et storslått monument og et minne om middelalderens magiske arv fra den venetianske perioden. Forestill deg en majestetisk borg, omhyggelig bygget med hengivenhet av riddermunkene i Johanitterordenen. Materialene som utgjør denne arkitektoniske perlen, stammer fra antikke helligdommer og tempelsteiner, noe som knytter fortiden sammen med middelalderens prakt.

I borgens indre finner du statuer som står som tause vitner til en forgangen tid, og skjulte arkeologiske skatter venter på å bli oppdaget i hver krok. Hver stein i festningen bærer på en historie, og hvert hjørne skjuler hemmeligheter fra svunne epoker. Når du når toppen av festningen, åpner det seg en storslått panoramautsikt som et vindu til fortiden. Herfra kan du nyte utsikten over havnen og den strålende skjønnheten langs strandpromenaden, hvor du får en følelse av historiens tilstedeværelse i dagens verden.

Riddermunkenes bymur

Bli med på en reise gjennom tidens beskyttende murer og oppdag Riddermunkenes bymur, et forsvarsskjold som ble reist mellom 1391 og 1396 for å beskytte byen med sin massive struktur. Denne imponerende muren er vakkert sammenflettet med den eldre, antikke bymuren og står som et kraftfullt symbol på byens forsvarskraft. Når du vandrer fra Akti Miaouli til Akti Kountouriotou, kan du kjenne historiens sus over Eleftherias-plassen og Hippokrates' Boulevard, hvor det en gang var en voldgrav som styrket byens forsvar.

På den østlige bastion finner du våpenskjoldene til stormester Heredias og guvernør di Lango Fr. Hesso di Schwegelholz, som minner om riddernes stolte arv. I den nordvestlige delen står et majestetisk rundt tårn, mens den vestlige delen åpner seg mot den imponerende Foros-porten. Denne porten leder til en liten plass hvor det legendariske Hippokrates-platanet ruver. Her finner du også broen som knytter seg til Riddermunkenes festning, og som fører til borgens hellige inngang.

Loggia-moskeen

Få et innblikk i de tyrkiske monumentene som fortsatt står som stille vitner fra fortiden. Loggia-moskeen, oppført i 1786 av den tyrkiske marineadmiralen Yasa Irli Hasan, ruver stolt ved inngangen til festningen. Defendar-moskeen, som ligger i nærheten av markedsplassen, og Hadzi Pashas mausoleum, som pryder hjørnet av Hippokrates- og Mitropoleos-gaten, bærer alle med seg ekko fra den tyrkiske epoken og står i dag som arkitektoniske juveler fra denne perioden.

Hippokrates og treet

Trå inn i historiens skygger ved inngangen til festningen, der Hippokrates' platan reiser seg majestetisk og kaster sitt fortryllende skyggetak over området. Legenden forteller at selveste Hippokrates, for omtrent 2400 år siden, plantet dette treet som nå skaper en oase av ro og refleksjon. Platanen er en massiv kreasjon av løv som strekker seg mot himmelen, som en naturlig kuppel. Stammen er kompakt og kraftfull, og de robuste grenene strekker seg ut som verdige arvinger, tykke og horisontale, som om de bærer på århundrer med historier og kunnskap.

Under dette treet skal Hippokrates, "legekunstens far", ha undervist sine elever i helbredelsens kunst, og formidlet sin visdom i skyggen av platanens beskyttende grener. Det sies også at apostelen Paulus underviste kristendommens lære her under en av sine mange reiser, noe som gir stedet en ekstra dimensjon av hellighet og historie.

Når du beveger deg rundt Hippokrates' platan, vil du oppdage at det ikke bare er et vanlig gjerde som omgir det. Dette er en historisk innramming av fortidens mysterier. Ved første øyekast vil du møte en brønn, en portal til fortidens skjulte skatter. Og rett i nærheten står en sarkofag prydet med arabiske inskripsjoner, et vitnesbyrd om historien som har funnet veien hit gjennom tidens løp.

Fortsetter du videre mot øst, vil du oppdage enda flere arkeologiske skatter bak den magiske bygningen kjent som *Diikitírion*. En gammel romersk inskripsjon, skrevet på latin, minner oss om fortidens visdom: *"Legum omnes servi sumus"*, som betyr "Vi er alle lovens tjenere". Denne innskriften er en påminnelse om at lovens makt strekker seg gjennom tid og rom, og forener fortidens lærdommer med nåtidens innsikt.

Hvert skritt du tar rundt dette stedet er som å reise tilbake i tid. Hver stein, hver inskripsjon, og hvert symbol bærer på en del av fortellingen om Kos' rike fortid, hvor Hippokrates' visdom og romersk rettsvesen sameksisterer. Dette er ikke bare et tre eller et stakitt – det er inngangsporten til en verden av historiske og medisinske undere, hvor fortidens visdom lyser som stjerner på en klar nattehimmel.

Historien om Hippokrates

Legen Hippokrates var en visjonær skikkelse fra Kos for rundt 2400 år siden. Han var en bemerkelsesverdig personlighet – både som filosof og en av de mest ettertraktede helbredere i antikken.

Hippokrates ble født i år 460 f.Kr. under den majestetiske olympiaden. Han kom fra en fornem familie med røtter som strakte seg helt tilbake til selveste Asklepios. Hans mor, Fainareti, var en etterkommer av Herakles, mens faren, Gnosidikos, kunne spore sin slekt til Asklepios 18 generasjoner tilbake. Dette skapte grunnlaget for en fremragende lege som ble formet av sin families stolte tradisjon og kjærlighet for legekunsten.

Hans utdanning var et kaleidoskop av kunnskap. Han mottok undervisning fra sin far og bestefar og studerte ved Asklepios' helligdommer på Kos og Knidos. På sine reiser gjennom Asia og Afrika lærte han fra de største vismennene i sin tid. Blant annet møtte han filosofen Anaxagoras i Milet, som utdypet hans forståelse av forholdet mellom kropp og sinn.

Gjennom sine reiser besøkte Hippokrates byer som Efesos og Lemnos, hvor han bekjempet epidemier og delte sin kunnskap om hygiene og helse. Hans ry nådde helt til konger som Perdikkas II av Makedonia, hvor hans legende evner helbredet både kropp og sinn.

Hippokrates ble også kalt til Athen under den ødeleggende hungersnøden under Peloponneskrigen. Hans intellekt og medmenneskelighet hjalp med å redde byen, blant annet ved å organisere bål for å rense luften og isolere de syke fra de friske. Dette gjorde ham til byens redningsmann.

Tilbake på Kos avslo Hippokrates en invitasjon fra den persiske kong Artaxerxes, som ba om hans tjenester. Artaxerxes led deretter et slagtilfelle og døde, noe som reddet Kos fra persisk trussel.

Gjennom hele livet måtte Hippokrates også håndtere beskyldninger fra misunnelige samtidige, men hans rykte forble ubesudlet. Han jobbet utrettelig for å forene leger og bekjempe overtro, og hans berømte legeed ble et etisk kompass for alle fremtidige leger.

I dag står Hippokrates-instituttet på Kos som en hyllest til hans arv. Ideen om instituttet tok form i 1955, og i 1960 ble det formelt opprettet gjennom et kongelig dekret. Instituttet minner om arven til en av medisinhistoriens største, og hans legeed inspirerer fortsatt leger over hele verden.

Museet i Kos by

når du tar ditt første skritt inn i museets fortryllende verden, står du ansikt til ansikt med en arkitektonisk stjerne, som i all sin enkelhet skinner på Eleftherias-plassen, som en tidløs vokter av fortiden. Den vakre bygningen som huser museet, kombinerer perfekt form og funksjon, og inviterer deg inn i en harmonisk dans mellom historie og arkitektur.

Forhallen er inngangsporten til dette arkeologiske eventyret. Under den stramme og enkle arkitekturen åpner fortidens skattekammer seg for de nysgjerrige blikk. Museets utstillingsgjenstander, nøye plassert som tidsmaskiner, tar oss med på en reise gjennom Kos' rike historie. Her kan du oppdage offerbord i forskjellige former, guddommelige byster som Demeter og den majestetiske Agrippina den Yngre fra det første århundre e.Kr.

Blant relieffene som dekorerer museet, finner du imponerende avbildninger av dyr som hester og løver som vekker fantasien til liv. I et hjørne kan du se en mosaikk som skildrer Asklepios' ankomst til Kos, hvor han blir møtt av selveste Hippokrates og en lokal innbygger – et kunstverk fra det andre eller tredje århundre e.Kr., som vever historien inn i vakre, fargerike mønstre.

Museet huser også statuer fra det andre århundre av Dionysos, sammen med en satyr og Pan, samt Artemis med sin trofaste hund. Hvert skritt du tar i dette museet er som en oppdagelsesreise, hvor hvert hjørne og hver utstilling avslører nye, fascinerende glimt av fortiden.

Antimachia-festningen

E r en levende fortelling om storhet og historie. Dette imponerende byggverket ble reist med omhu av håndverkere fra Johannitterordenen mellom 1322 og 1346. Beliggende på et høyt platå midt på øya, står denne festningen som et monument over strategisk briljans. Med en omkrets på hele 970 meter omfatter festningen et område på 26.250 kvadratmeter. Det er ikke bare en festning; det er et episk område hvor historie, arkitektur og militær strategi møtes.

Når du går gjennom hovedporten, som vender mot nordvest, trer du inn i en labyrint av historiske stier som fører deg gjennom fortidens rike.

Asklepios' helligdom

I en tid hvor gudene hadde stor innflytelse over det gamle Hellas, reiser vi til hjertet av **Asklepios' helligdom** på Kos. Dette tempelet, dedikert til legens gud, Asklepios, står som et levende testament til guddommelig visdom og helbredelse, fylt med tråder av legender og historie.

Asklepios, sønn av visdomsguden **Apollon** og Thessaliens datter **Koronis**, ble født inn i en tragisk fortelling preget av utroskap og guddommelig intervensjon. Etter morens død, ble han reddet av Apollon og oppdratt av **kentauren Kheiron**, som lærte ham kunsten å helbrede i de frodige skogene i Pelion. Asklepios vokste opp som en mester i medisinsk visdom, og ble tilbedt som en guddommelig healer av både guder og mennesker.

Asklepios' innflytelse spredte seg over hele det antikke Hellas, og det ble reist helligdommer kjent som "Asklepieia", dedikert til hans dyrkelse og helbredelseskraft. Omtrent 300 av disse helligdommene blomstret i naturskjønne omgivelser, og blant dem strålte **Asklepieion på Kos** som en lysende stjerne. Helligdommen lå på en høyde rundt 100 meter over havet, omgitt av grønne skoger og kilder som sprudlet med mineralrikt vann. Ifølge den antikke historikeren Pausanias, skulle ingen dø eller fødes i den hellige skogen som omga tempelet.

Det sies at tilbedelsen av Asklepios ble brakt til Kos av folk fra Thessalia eller Epidauros, og helligdommen fungerte i flere århundrer som et senter for helbredelse før den ble glemt og begravet i historien.

I 1899 begynte den tyske arkeologen **Herzog** sin søken etter å gjenoppdage Asklepios' helligdom. Takket være den lokale innbyggeren **Jakovos Zaraftis'** overbevisning, lyktes utgravingene, og steinene i helligdommen ble avdekket igjen.

Når du i dag reiser til Asklepios' helligdom, går du langs en vei kantet med sypresser som leder deg inn i et imponerende byggverk delt inn i tre nivåer. Fra søyleganger og vannfontener til ruinene av et dorisk tempel dedikert til Asklepios på det øverste nivået, hvert område forteller sin egen historie. På det tredje nivået finner du ruiner av et stort tempel fra det 2. århundre f.Kr., og statuer av **Asklepios** og **Hygeia** minner oss om en tid der troen på guddommelig helbredelse var dypt forankret, samtidig som Hippokrates' medisinske arv vokste frem.

Spennende landsbyer

På eventyret rundt Kos åpner naturen sine armer og inviterer oss til å oppdage sjarmerende landsbyer, som perler på en snor, klare til å bli utforsket og elsket.

Antimachia, en tidløs landsby som ligger i hjertet av Kos, hviler på et frodig platå ved siden av flyplassen. Denne landsbyen bærer stolt sin historie, som strekker seg over mer enn 3000 år. Antimachia er en av de eldste bosetningene på øya, med røtter tilbake til klassisk tid, da den ble påvirket av legenden om Antimahos, sønn av Herakles. Gjennom tidene har landsbyens innbyggere søkt ly innover i landet, unna pirater og røvere som truet kysten.

Den 23. april 1926 ble Kos rammet av et jordskjelv med en styrke på 5,4, med Antimachia som episenter. To liv gikk tapt, 200 mennesker ble skadet, og rundt 70 hus i Antimachia ble ødelagt. Etter jordskjelvet valgte 18 familier å flytte til Mastichari, en kystlandsby som fikk sitt navn etter mastiktrærne som en gang blomstret i området. Mastichari ble planlagt i 1930 av italienske myndigheter, med et nettverk av fem og tre gater som formet den nye byen. I dag er Mastichari en sjarmerende kystby, kjent for sine vakre strender og nærheten til ruinene av en gammel havn og en bosetning fra tidlig kristen tid, oppdaget av den tyske arkeologen Ludwig Ross i 1844.

I løpet av andre verdenskrig bygde tyskerne en trebrygge i Mastichari til militært bruk, som forble i drift frem til dagens havn ble bygget på 1980-tallet. I flere tiår ble landsbyens produksjon av vannmeloner samlet ved Mastichari-stranden og sendt videre til øya Kalymnos.

Antimachia og Mastichari bærer begge på historier om motstandskraft, vekst og tilpasning, og de gir besøkende muligheten til å fordype seg i øyas rike historie og vakre natur.

Asfendiou er en malerisk landsby som ligger ved foten av **Dikaios-fjellet** på Kos, hvor historien møter moderne liv i en harmonisk dans. Landsbyen **Zia**, som er en del av Asfendiou-området, regnes som en av de vakreste på hele øya. Zia sprer seg ut som en frodig oase, og når du går gjennom byen, omfavner frodig vegetasjon deg som et mykt teppe. Fargerike blomster, stille rislende kilder, og den musikalske lyden av fuglesang skaper en avslappende atmosfære som berører alle sansene dine. Innbyggerne i Zia er kjent for sin gjestfrihet og varme, og i deres smil og åpenhet kan man finne historier om byen og dens lange historie.

Fra utsiktspunktet **Kefalovrissi** kan man skue utover et fantastisk panorama, hvor havet og de omkringliggende øyene ligger som et maleri foran deg. Zia har blitt et populært reisemål for turister som ønsker å oppleve det autentiske Kos og naturens skjønnhet.

Assomatos er den største landsbyen i Asfendiou-området, og den hviler ved foten av Dikaios-fjellkjeden. Navnet stammer fra **Assomatos-kirken**, som står sentralt i landsbyen. Kirken har spilt en viktig rolle i utviklingen av lokalsamfunnet, spesielt gjennom økonomisk støtte i form av lån til bønder og forretningsfolk. I tillegg bidro kirken til bygging av flere skoler i området. Tradisjonelle hus i Assomatos er bygget av stein og har ofte en rektangulær form med tak laget av tre eller bambusstrå.

Her, hvor historie og natur går hånd i hånd, forteller hvert steinhus en historie om et rikt samfunn som tok form under fjellenes skygge. Blant de geometriske formene og de naturlige takmaterialene levde folk i harmoni med landskapet rundt dem, og skapte en vennlig symfoni med naturen.

Når du kjører inn i landsbyen **Evangelistria**, ser du først **Evangelismos-kirken**, uansett om du kommer fra Lagoudi, hovedveien, eller Zia. Landsbyen strekker seg mot sør og øst fra kirken, og den har bevart en svært tradisjonell atmosfære. Mange av de gamle husene har blitt restaurert, noe som gjør landsbyen enda mer pittoresk. Går du østover, når du forstaden **Pera Geitonia** etter broen, og lenger oppe finner du Assomatos. Det er også noen forlatte olivenpresser du kan besøke.

En brosteinsbelagt vei forbinder landsbyen med **Zipari**, men store deler av den har forsvunnet. Landsbyen har også vært kjent som **Karyiotes**, som noen mener kommer fra valnøttproduksjonen eller bosettingen av folk fra Karia i Lilleasia. Andre mener navnet stammer fra trehuggere fra Ikaria eller fra innbyggernes mot.

Zipari ligger som en juvel på det flate landskapet nord for Asfendiou, langs veien fra Kos by til Kefalos. De siste årene har Zipari vokst jevnt og trutt, da mange av dem som jobber i Kos by, foretrekker de moderne fasilitetene Zipari har å tilby. Hovedmerket i landsbyen er sognekirken **Analipsis tou Sotiros** (Frelserens Himmelfart). I regionen rundt Zipari er det også funnet ruiner av tidlige kristne basilikaer, som **Agios Pavlos** (Hellige Paulus) og **Kapamas**.

Kardamena, en kystby som en gang var travelt opptatt med fiske og frodig jordbruk, voktes fortsatt av den gamle borgen **Antimachia**, som står som et levende monument over fortiden. Borgen er fortsatt en påminnelse om områdets historiske betydning, men Kardamena har gjennomgått en stor forvandling og er nå mest kjent for sin nesten seks kilometer lange strand og sitt livlige natteliv. Byen byr på et mangfold av barer, nattklubber og tavernaer som får pulsen til å slå vilt etter mørkets frembrudd.

I **Kefalos**, en avsidesliggende perle på øya, danser fiskerne med havet mens sandstrendene bader i krystallklart vann. Skjult under fjellet **Zini** finner du skatter som **Aghios Ioannis-klosteret** og den ydmyke **Aghios Antonios-kirken**. Øyas mest fortryllende sandstrand strekker seg her som et kunstverk, formet av naturen selv. Denne stranden er mer enn bare et sted å bade – det er et pulserende hjerte av fint sand som inviterer deg til å nyte en ekte øyidyll. Det klare, akvamarin-blå vannet glitrer som flytende diamanter under solens varme stråler.

For de eventyrlystne venter et hav av vannsport. Her kan du kaste deg ut i bølgene med et surfebrett, kjenne vinden i ansiktet under parasailing, eller ro ut i det azurblå havet med en kajakk. Historien vever seg også inn i denne kystperlen; i 1922 avdekket arkeologene **Alessandro Della Seta** og **Doro Levi** fossiler og historiske skatter fra en forsvunnen paleontologisk æra. Disse funnene, hentet fra grotten **Aspri Petra** i det fortryllende **Palatia-området**, gir et innblikk i en tapt verden. Og i 1928 vekket **Luciano Laurenzi** liv i historien ved å avdekke **Aghios Stefanos-basilikaen**, som fortsatt står som et vitnesbyrd om fortidens prakt.

Kun åtte kilometer fra landsbyen reiser fjellet **Zini** seg majestetisk og bærer **Aghios Ioannis-klosteret** på sine skuldre. Hvert år, den 29. august, feirer lokalsamfunnet en stor fest til ære for klosteret og dets betydning i området.

Ta en pause på høyre side og oppdag **Kastri**, hjemmet til den beskjedne **Aghios Antonios-kirken**, et sted hvor historien flettes inn i hver stein. Når du snur deg mot horisonten på motsatt side, finner du **Limionas**, en pittoresk bukt hvor lystbåter vugger i sikkerhet fra stormens raseri. Fortsetter du øst for **Kap Helona**, strekker den gylne sandstranden **Almiros** seg ut, også kjent som **Paradissos**. Dette er uten tvil et paradis hvor naturens symfoni spiller en melodi av undere. Her, ved vannkanten, ser man luftbobler danse opp mot overflaten som lekne ånder, et subtilt hint om det vulkanske hjertet som slår under jordens overflate. Under solens varme stråler forvandles Paradissos til et levende maleri hvor havets farger harmonerer med himmelens blå nyanser og det frodige landskapet.

Langs de svingete stiene i **Dikaios-fjellene** finner du den forlatte landsbyen **Koniario**, også kjent som **Konidario**. Navnet stammer fra **Iconium** (nåværende Konya i Tyrkia), stedet hvor de tyrkiske nybyggerne i landsbyen opprinnelig kom fra. Landsbyen ble opprinnelig befolket av muslimer under det osmanske styret. I følge historikeren Iakovos Zaraftis hadde landsbyen i 1917 rundt 25 hus og cirka 100 tyrkisktalende innbyggere. I tillegg bodde det rundt 15 familier av krypto-kristne her. **Koniario** ble forlatt på 1950-tallet, men restene av en moské og flere nedfalne toetasjers gårdshus kan fortsatt besøkes. Landsbyens hovedinntekt kom fra oppdrett av geiter og sauer, og mange av fiken-trærne i området ble opprinnelig brakt hit fra Tyrkia.

I nærheten av **Koniario** ligger **Koniario-skogen**, et beskyttet område perfekt for fotturer eller piknik. Omgitt av grønt og de milde lydene av vannkilder, inviterer også **Plaka** deg til å oppleve naturens ro. Fuglesangen er det eneste som bryter stillheten. I **Kamari**, hvor solen kysser stranden, finner du restene av **Aghios Stefanos-basilikaen**, samt den vulkanske bukten **Almiros**, som avslører de skjulte kreftene under overflaten.

Tenk deg at du legger ut på en magisk reise fra den pulserende byen Kos mot sør, og 12 kilometer senere ankommer du det fortryllende **Tingaki**. Her, i nærheten av denne lille byen, åpenbarer det seg et eventyrland i form av et saltutvinningsområde. De nyere bosettingene ligger i frodige lavlandsområder, mens de eldgamle bosettingene gjemmer seg bak løvrike fjellskråninger, som om naturen har skapt et hemmelig teater. Krystallklare kilder renner harmonisk og gir ikke bare livgivende drikkevann, men også næring til de dyrkede markene, som blomstrer i et fargesprakende landskap. I denne regionen danser fortid og nåtid sammen, som gamle venner. Byen pulserer i takt med naturens rytmer, og turismen vever seg inn i hverdagslivet som en viktig livsnerve. Mange av innbyggerne deltar i denne dansen, og sammen skaper de et levende fellesskap der hvert smil og hilsen er som et kapittel i den store gjestfrihetens bok.

Rundt **Asfendiou** ligger to eldgamle kristne kirker, **Aghiou Ioannou** og **Kapama-basilikaen**, som gamle sjeler som fortsatt hvisker om fortidens hellige øyeblikk.

Pyli, innhyllet i legender og omfavnet av kilder, står som et levende vitnesbyrd om fortidens mysterier. **Antimahia**, der historien snakker gjennom venetianske festninger og ærverdige kirker, inviterer oss til å fordype oss i en tidslomme av kulturarv. Pyli ligger 15,6 km fra den pulserende byen Kos og omfavner oss med en smeltedigel av historier og eventyr. Veien til Pyli snor seg eventyrlig fra hovedveien, og her, ved dette magiske skjæringspunktet, åpner en liten innsjø sine armer for reisende som ønsker et stoppested. Ender svømmer grasiøst i det klare vannet, og skaper et levende maleri av naturens ballett.

Pyli brer seg ut over småbyene **Amaniou** og **Konidario**, som en mønstret hage av landbrukslykke. Her dyrker innbyggerne jorden med kjærlighet og omhu, og skaper et fruktbart landskap næret av kildene **Harmiliou** og **Pighis**. Disse kildene, livets pulsårer, gir næring til markene og farger landskapet i vakre nyanser av grønt. Under solens gylne skinn avslører Pyli stolte rester av **Harmilons grav**, en konge fra antikken, hvis legende fortsatt hviskes i området. Langs de brosteinsbelagte gatene står den gammelkristne basilikaen som et levende vitnesbyrd om den hellige **Christodoulos'** visjon, som lot denne arkitektoniske skatten stige mot himmelen.

Men vent, det er mer magi skjult i **Amaniou**! I 1928 åpnet den italienske arkeologen **Luciano Laurenzi** en dør til fortiden og avdekket et tempel viet til **de eleusinske mysterier**.

Zia, som ligger ved foten av **Mount Dikaios**, Kos' høyeste fjell på 846 meter over havet, er en fortryllende landsby som tilhører den sørligste og høyeste delen av Asfendiou. Omgitt av frodige frukttrær og krystallklare kilder som **Kefalovrysi**, er området kjent for sin særegne naturskjønnhet og tradisjonelle karakter. Selv om Zia har bevart sin autentiske atmosfære, har den utviklet seg til en av de mest populære turistattraksjonene på øya og tiltrekker mange besøkende, særlig langs hovedveien, hvor butikker med håndlagde suvenirer og lokale produkter trives.

En tur til Zia anbefales spesielt for å utforske den øvre delen av landsbyen, som har beholdt mest av sin opprinnelige sjarm. Landsbyens skoger og den friske fjellluften gir en svalende atmosfære, noe som gjør Zia til et perfekt tilfluktssted fra den varme greske sommeren. Vannet fra **Kefalovrysi-kilden** som strømmer gjennom landsbyen, har i århundrer drevet vannmøller og vannet de omkringliggende jordene.

Det er ideelt å komme tidlig på ettermiddagen for å kunne ta en tur i skogen eller klatre til toppen av **Mount Dikaios**, hvor du finner **Christos-kirken**. Utsikten fra toppen er spektakulær, med panoramautsikt over Tyrkia og øyene Pserimos, Kalymnos og Nissyros. Det anbefales å være forsiktig på stien, spesielt etter solnedgang.

Når du vender tilbake til Zia etter fjellturen, kan du velge blant flere lokale tavernaer som serverer tradisjonelle greske retter. Utsikten fra tavernaene er en av Zias mest kjente trekk, spesielt under den fantastiske solnedgangen som farger himmelen over havet. Start måltidet med en klassisk **ouzo** for å slappe av, etterfulgt av en serie **mezedakia** (småretter). Til hovedrett kan du velge mellom et utvalg tradisjonelle retter, og avslutte med en dessert som **ravani**, **galaktoboureko**, eller gresk yoghurt med søte frukter, avhengig av sesongens tilgjengelighet.

Zia er et sted som kombinerer naturens skjønnhet med autentisk gresk kultur, og en dag her vil etterlate deg med uforglemmelige minner.

Naturen

Cape Krikelos

Lengst sørvest på Kos ligger Cape Krikelos, en naturlig perle i det skrånende landskapet rundt Kefalos. Terrenget her er vilt og preget av den karakteristiske middelhavsvegetasjonen med sparsomt grønt, selv om de frodige nåletrærne rundt **Aghios Mammas** gir et ekstra dryss av skjønnhet. Utsikten fra Cape Krikelos er intet mindre enn spektakulær, og vel verdt anstrengelsen med å komme seg dit. Dette er uten tvil en av de beste utkikkspunktene på hele øya. For å nå dette naturskjønne stedet, følger du først veien mot Aghios Mammas, og deretter tar du deg ned til kapets ytterste punkt.

Det finnes ingen tydelig merkede stier, bortsett fra de små tråkkene som geitene har laget gjennom årene. Når du står overfor Cape Krikelos, er det best å starte på høyre side for å unngå de mest utfordrende delene av terrenget. Ruten tilbake mot **Cavo Paradiso** er enklere – hold til høyre og unngå kanten av klippen for å komme deg rundt fjellryggen. Turen kan være krevende med bratte stigninger, og det er viktig å være oppmerksom på glatte klipper. Til tross for utfordringene er det god plass til å navigere trygt. Klippeformasjonene her bærer tydelige spor av naturens krefter og har antatt fascinerende, nesten eventyrlige former som minner om fantasiskapninger.

Cape Routhianos

Ligger rett under **Aspri Petra-hulen** i Kefalos. For å komme dit må du følge en støvete sti som opprinnelig leder til Aspri Petra. Det er viktig å merke seg at veien ikke alltid er i optimal stand, spesielt etter vintersesongen, hvor rennende vann ofte setter sitt preg på stien. Til tross for utfordringene du kan møte på veien, er belønningen ved ankomst verdt innsatsen – en opplevelse som tar pusten fra deg med sin naturlige skjønnhet og spektakulære utsikt.

Grottene i Kefalos

Er et fascinerende reisemål som tar deg med på en oppdagelsesreise gjennom imponerende klippeformasjoner. Ligger rett under landsbyen Kefalos, omtrent 100 meter fra den ikoniske Kefalos-vindmøllen, er dette en av de større hulesystemene som er lett tilgjengelige for besøkende. Det porøse fjellet som dominerer området, er erodert på lignende måter langs sidene av Kefalos-platået, der landsbyen ligger.

Gjennom tidene har hulene hatt flere bruksområder. I noen tilfeller har de blitt brukt som ly for sauer eller geiter, mens andre ganger har de fungert som lagringsrom. Hulenes naturlige skjønnhet og historiske betydning gjør dem til et spennende sted å utforske for alle som ønsker å oppleve en skjult side av Kefalos.

Kezi

Gi deg selv den ultimate gaven av naturskjønnhet ved å utforske Kezi-fjellene, hvor fantastiske utsikter strekker seg fra majestetiske fjelltopper til det krystallblå havet. Underveis vil du møte imponerende klippeformasjoner og majestetiske tretopper som legger til en magisk atmosfære på din reise. Nyt den pittoreske stien, der hvert skritt åpenbarer et nytt panorama, og hvor naturens underverk venter på å bli oppdaget.

Mount Thymianos

Opplev magien på Mount Thymianos, som reiser seg 450 meter over havet, vest for Mount Lathra og sørvest for Kefalos. Dette fjellet har fått sitt navn fra den frodige timianen som vokser rikelig i området, og er mest kjent for den maleriske kirken Aghios Ioannis Thymianos, også kjent som Krikelos, som ligger på fjellets vestlige skråning.

Under andre verdenskrig fikk Mount Thymianos militær betydning da de italienske okkupasjonsstyrkene besluttet å bygge fire fyrtårn for å lette tilgangen til lufthavnen. En italiensk utpost, med syv utgravde skytterstillinger, bevoktet de fire sterke lysene, som var plassert på 8 meter høye master. Natten til 6. september 1944 klarte en tysk styrke å ødelegge fyrtårnene, kraftgeneratoren og alle bygningene på utposten. Minst to tyskere og én italiener mistet livet under denne operasjonen. I dag, blant ruinene, kan du fortsatt se rester etter hovedbygningen, radiorommet, basene til fyrtårnene, skytterstillingene og baldakinen som dekket kraftgeneratoren. For det trente øye kan man også skjelne spor etter eksplosjoner, tomhylser og metallfragmenter fra denne historiske hendelsen.

Plaka

Langs veien til Kefalos fra rundkjøringen ved flyplassen åpner et eventyrlig landskap seg bare rundt en kilometer frem. På høyre side vil du finne en vei som lokker med løfter om vakker natur og sjarme – veien til Plaka, en furuskog som sprer seg som en grønn smaragd i en senkning som strekker seg helt ned til det dype, indigoblå havet. Selv om en overvekst av tistler og bjørnebær kan gjøre en dypere utforskning vanskelig, vitner de frodige omgivelsene om områdets rike grunnvann, spesielt merkbart i de varme sommermånedene.

Atmosfæren i Plaka er forfriskende, med skyggene fra trærne som danser lett i vinden og den fuktige luften som omfavner deg. Påfugler, med sin fargerike prakt, vandrer stolt rundt og fremviser sine praktfulle fjær som levende kunstverk. Benkene langs stiene inviterer deg til å sette deg ned og ta inn den rolige atmosfæren i ditt eget tempo.

Plaka har en historie som går tilbake til den italienske okkupasjonen, da området ble utviklet rundt Plaka-kilden. Et spesielt element i dette landskapet er en grop brukt til å steke lam eller geit under påskefeiringen, en tradisjon som møter det moderne landskapet. Når du er klar for å fortsette reisen, kan du følge den samme grusveien som slynger seg mykt mot veien fra Antimachia til Kefalos, og la eventyret ditt fortsette.

Plakeri

Er et spektakulært område som ligger nær toppen av Dikaios-fjellet, skjuler en skatt av naturlig skjønnhet. Dette imponerende stedet, like ved fjellets høyeste punkt, Psilo Vouno, er formet av store, majestetiske steinplater. Selv om adkomsten kan være utfordrende, er utsikten enestående. Plakeri er kjent som et fantastisk utsiktspunkt som gir deg panoramautsikt over det omkringliggende landskapet, hvor du kan nyte den naturskjønne skjønnheten.

Dette området tiltrekker seg eventyrlystne sjeler som søker å utforske stedets unike formasjoner og naturlige underverk. Små stier snor seg mellom de fascinerende fjellformasjonene, og hver sti fører til nye oppdagelser. De store steinene, med sine intrikate mønstre og formasjoner, skaper en visuell fest for øynene, og den uforglemmelige utsikten etterlater de besøkende i ærefrykt.

Plakeri byr ikke bare på en fysisk utfordring, men også en spirituell opplevelse. Utsikten over Psilo Vouno og det omkringliggende landskapet fungerer som et vindu til øyas sjel, noe som gjør turen til et verdig eventyr for de som søker en dypere forbindelse med naturen.

Reisen starter ved foten av Psilo Vouno, som strekker seg 846 meter over havets overflate, og er det høyeste punktet i Dikaios-fjellkjeden. Turen begynner på en liten sti fra

Monagri, hvor landskapet gradvis avslører sitt storslåtte skue. Det er en krevende reise, så det anbefales å gå sammen med noen som kjenner området, spesielt om sommeren når varmen er intens. Langs stien finner du fredfylte skygger under trærne og en konstant følelse av naturens nærvær, med lydene av skog og fjell som en konstant følgesvenn.

Midt i dette vakre panoramaet står Christos-kirken, en åndelig perle på fjellet. Dikaios-fjellet, tidligere kjent som Oromedon, bærer øyas høyeste topp, og Christos-kirken, dedikert til Kristi forvandling, er en kirke med dype røtter i øyas historie. Bygget på ruinene av en tidligkristen kirke, fortsetter kirken å være et monument over tro og standhaftighet gjennom tidene.

Historien til Christos-kirken strekker seg tilbake til det 13. århundre, og kirken har gjennomgått flere restaureringer opp gjennom årene. Hver stein i kirken forteller en historie om tro og tradisjon, og kirken har stått som et vitnesbyrd om øyas rike religiøse arv.

Ambassaden og Utenriksdepartementet

Den norske ambassaden i Athen kan kontaktes hvis du trenger hjelp. Du kan nå dem på telefonnummer +30 210 72 46 173 eller sende en e-post til emb.athens@mfa.no. Ambassaden holder til på Hatziyianni Mexi-gaten 5, 115 28 Athen. Besøk kan avtales på forhånd, og åpningstiden for telefonsamtaler er fra mandag til fredag mellom 09:30 og 14:00.

Når det gjelder reiseinformasjon, anbefales det å sjekke Utenriksdepartementets app "Reiseklar" for oppdatert reiseveiledning og registrere deg i deres reiseregister, slik at du er forberedt i tilfelle uforutsette situasjoner.

Drikkepenger

Selv om driks ofte er inkludert på restauranter og i taxisektoren i Hellas, er det vanlig å gi mellom 5-10 % ekstra for god service. Hotellpersonale og andre servicearbeidere setter også pris på en liten påskjønnelse for deres innsats.

Helligdager på Kos og i resten av Hellas:

På Kos og i Hellas generelt er følgende helligdager markert som offentlige fridager, hvor banker og butikker normalt holder stengt:

1. januar: Nyttårsdag

6. januar: Helligtrekongersdag (Epifania)

25. mars: Nasjonaldag til minne om starten på Uavhengighetskrigen i 1821

Påske: Den største helligdagen i Hellas, som følger den julianske kalenderen og feires senere enn vestlig påske hvert fjerde år.

1. mai: "Protomagia" eller "Mai-dagen", hvor greske familier går ut i naturen for å plukke blomster og lage vakre blomsterkranser. Kranser henges på dørene og brennes symbolsk etter 40 dager.

15. august: Jomfru Marias Himmelfart

28. oktober: Ochi-dagen, til minne om Hellas' avslag på Mussolinis krav om kapitulasjon i 1940.

25. og 26. desember: Juledag og andre juledag

Mat og drikke

La meg slå fast med en gang at disse rettene er mine egne tradisjonelle favoritter, og en uunnværlig del av mitt besøk på Kos. Øya tilbyr imidlertid en ekstraordinær og mangfoldig gastronomi som kombinerer ferske, lokale råvarer med ekte greske smaksopplevelser. Ikke glem de mange fristende fiskerettene øya har å by på.

- **Souvlaki**: Saftig grillet kjøtt, perfekt marinert og servert på spyd. En ekte klassiker på Kos, der lam eller kylling får en uimotståelig smak under grillens varme.

- **Moussaka**: Denne himmelske ovnsretten kombinerer aubergine, poteter og kjøttdeig, toppet med en kremet béchamelsaus.

- **Fasolada**: Hellas' nasjonale stolthet – en næringsrik bønnesuppe laget med hvite bønner, tomater, løk og olivenolje.

- **Kleftiko**: Langtidsstekt lammekjøtt marinert med lokale urter og krydder, som smelter i munnen.

- **Gresk salat**: Fargerike salater laget med tomat, agurk, fetaost og oliven, servert med en skvett jomfruolivenolje.

- **Tzatziki**: En forfriskende dipp laget av yoghurt, agurk, hvitløk og friske urter – perfekt som tilbehør.

- **Dolmades**: Drueruller fylt med ris og krydder, en lett forrett eller smårett med en frisk smak.

- **Saganaki**: Grillet ost, ofte servert med en sprut sitronsaft – en smaksbombe av en forrett.

- **Octopus**: Nyt grillet blekksprut, en signaturrett som fanger essensen av den maritime matopplevelsen på Kos.

- **Baklava**: Avslutt måltidet med denne søte desserten laget av filodeig, nøtter og honning – en favoritt for dem med en søt tann.

Disse rettene gjenspeiler den autentiske smaken av Kos. Lokale restauranter gir deg muligheten til å oppleve disse delikatessene i en avslappet atmosfære. Selv om det finnes mange turistrestauranter, leverer de fleste både utmerket mat og ekte gresk stemning.

Når du spiser ute på Kos, er det nesten uunngåelig at du blir tilbudt en Raki eller Ouzo. Disse to drinkene er velkjente i den greske kulturen og nytes ofte som aperitiff eller som en avsluttende drikk etter et måltid.

- **Raki**: En sterk druebrennevin, destillert fra drueskall og -kjerner. Den er kjent for sin intense smak og serveres ofte som en klar drink.

- **Ouzo**: En anisbasert aperitiff kjent for sin lakrissmak. Når den blandes med vann, blir den melkehvit. Ouzo serveres tradisjonelt med is eller vann og ledsages ofte av små appetittvekkere, kjent som "mezedes".

Lokale viner

Lokale viner på Kos tilbyr en spennende opplevelse for vinelskere, og hvert glass forteller historien om denne vakre øyas vintradisjon.

- **Asyrtiko**: Denne hvite druen er en ekte stjerne i det varme middelhavsklimaet. Den skaper forfriskende hvitviner med mineralpreg og en markant syre som passer perfekt til grillet fisk og sjømat. Assyrtiko er også kjent for å produsere søte viner som er tidløse i sin eleganse og kompleksitet.

- **Aidani**: En annen hvit drue som gir florale og fruktige aromaer til vinene. Aidani brukes ofte i blandinger for å skape viner med kompleksitet og dybde.

- **Athiri**: Denne lokale hvitvinsdruen er kjent for sine lette og forfriskende viner. Den gir delikate sitrusnoter og florale hint som skaper en lys og elegant vin.

- **Mavrotragano**: En kraftfull rød drue som tilfører vinene rike smaker av røde frukter og krydder. Denne vinen har god struktur og tanniner, noe som gjør den til en favoritt blant de som liker fyldigere viner.

• **Mandilaria**: En annen rød drue som er kjent for sine dype, robuste viner med smaker av modne bær. Den er populær for å lage rødviner med mye kropp og intens farge.

• **Nykteri**: En tradisjonell hvitvinsstil hvor druer høstes sent på dagen og gjærer naturlig. Dette resulterer i komplekse og fyldige viner med en rik karakter.

• **Malagousia**: Selv om denne druen ofte forbindes med det greske fastlandet, produseres den også på Kos. Den skaper aromatiske hvitviner med sitrusnoter og en fin floral profil.

Hver vin har sin unike historie og representerer en del av Kos' lange og stolte vinhistorie. Utforsk disse lokale vinene for en autentisk smaksopplevelse som speiler øyas tradisjon og kjærlighet for vinproduksjon.

Vingårder

Vingårder på Kos er en autentisk del av øyas rike vintradisjon, og å besøke dem gir en opplevelse som løfter smaksopplevelsen til nye høyder.

- **Hatzidakis Winery**: Ligger i landsbyen Antimachia og er kjent for et variert utvalg av viner, fra forfriskende hvite til fyldige røde og dessertviner. Vingården holder fast i tradisjonelle produksjonsmetoder som gir en ekte følelse av øyas terroir.

- **Triantafyllopoulos Vineyards**: Denne vingården, som ligger i Asfendiou-landsbyen, spesialiserer seg på økologiske viner. De dyrker lokale druer som Asyrtiko og Aidani, og her får besøkende en autentisk og bærekraftig vinopplevelse i vakre omgivelser.

- **Tsalapatis Winery**: I Pyli-regionen finner du denne familieeide vingården, som tilbyr et mangfold av viner og innbyr til vinsmaking i tradisjonsrike omgivelser. En ekte perle for vinelskere som ønsker å fordype seg i lokale smaker.

- **Panteli Vineyards**: Tett på landsbyen Lagoudi ligger Panteli Vineyards, kjent for sin produksjon av økologiske viner og en spektakulær utsikt. Vingården fokuserer på bærekraftig vinproduksjon med lokale druesorter som gir en unik vinopplevelse.

- **Kefalos Winery**: Beliggende i det pittoreske Kefalos-området, er denne vingården kjent for sin varme gjestfrihet og brede utvalg av viner. Besøkende kan utforske vingårdens historie gjennom guidede turer i vinkjelleren.

Det anbefales alltid å kontakte vingårdene på forhånd for å bekrefte åpningstider og booke et besøk. Vingårdene på Kos gir en smakfull reise gjennom øyas unike vintradisjoner, med druesorter som gjenspeiler det spesielle terroiret.

Mygg

Myggespray er din beste venn på Kos, hvor de små krypene kan være ganske påtrengende. Vi har alltid et elektrisk myggmiddel til stikkontakten for å holde dem ute fra leiligheten, og mygglys skaper en hyggelig atmosfære på kveldene på balkongen.

Nødnumre

La oss håpe at du ikke får bruk for dem, men hvis uhellet skulle være ute, husk disse numrene:

- **Ambulanse**: 166
- **Brannvesenet**: 199
- **Politi**: 100

Pass og visum

Som norsk statsborger kan du reise visumfritt til Hellas i opptil 90 dager. Husk at passet ditt må være gyldig under hele oppholdet. Sjekk også at barna har egne pass.

Røykeregler

Hvis du røyker, er det greit å vite at Kos har strenge røykelover. Røyking er ikke tillatt på offentlige transportmidler, offentlige bygninger eller på flyplassen. Men ikke bekymre deg, mange kafeer, restauranter og tavernaer har egne røykesoner. Sommeren nytes ofte best utendørs, så det ordner seg som regel.

Sikkerhet

Kos er en trygg øy med lav kriminalitet, men det er alltid lurt å bruke sunn fornuft, passe på eiendelene dine, og være oppmerksom på omgivelsene.

Strøm

Strømmen er på 220V, akkurat som i Norge, og stikkontaktene er de samme, så du trenger ikke å bekymre deg for adaptere.

Sykdom

Helse først! Ta alltid med deg det europeiske helsetrygdkortet, men husk også en ekstra reiseforsikring. Du vet aldri hva som kan skje. Husk å ta vare på kvitteringene hvis du trenger medisinsk hjelp.

Tidssone

Grekland, og dermed Kos, er én time foran Norge, så husk å stille klokken én time frem når du ankommer.

Turistskatt

F ra 1. januar 2018 ble det innført turistskatt over hele Hellas. Skatten betales vanligvis på hotellet, ofte ved utsjekking, og de fleste steder foretrekker kontanter. Bor du på et tostjerners hotell, betaler du 0,5 euro per natt per rom. For trestjerners hotell er det 1,5 euro, og firestjerners koster 3 euro. Femstjerners hotell har en skatt på 4 euro.

Vann

Selv om du teknisk sett kan drikke vann fra springen på Kos, vil jeg anbefale å kjøpe flaskevann. Vannet er kloret og smaker ikke så godt. Men det er helt fint å bruke til koking, til kaffe, te og matlaging.

Valuta

Valutaen på Kos er euro. Du finner minibanker nesten overalt, og de fleste har engelsk veiledning. Visa og Mastercard aksepteres de fleste steder.

God reise

Da har vi kommet til slutten av min reiseberetning om Kos, og jeg håper at du har fått noen nyttige tips til din egen reise. Kanskje du allerede er i full gang med å nyte livet på denne fantastiske øya, og i så fall håper jeg mine fortellinger har gitt deg litt inspirasjon. Hvis din reise ennå ikke er planlagt, vil jeg gjerne gi deg noen råd for å finne det perfekte stedet for ferien din.

Selv om Kos kanskje ikke lenger er like preget av den "unge og festlige" stemningen som før, finnes det fortsatt områder og hoteller der festlighetene er i full sving. Om du foretrekker fred og autentisitet, er det også mange destinasjoner som oppfyller disse ønskene. Er du på jakt etter fest og moro, er Kos by og Kardamena blant de mer livlige områdene. Velger du derimot å bo i de mindre byene eller landsbyene, kan du oppleve roligere omgivelser. Her vil jeg spesielt trekke frem byer som Tigaki, en sjarmerende liten by med et godt utvalg av restauranter og barer, mens Marmari, selv om den er mindre, byr på en helt egen atmosfære og et mer begrenset utvalg av fasiliteter. Begge steder gir deg muligheten til å tilbringe feriedagene med avslapning på de brede, grunne sandstrendene som strekker seg i kilometervis langs kysten.

Så, enten du søker livlige eventyr eller fredelig autentisitet, håper jeg at dine dager på Kos blir fylt med uforglemmelige opplevelser og velvalgte øyeblikk, slik denne lille øya har gledet meg og min familie gjennom årene. God reise!

www.ingramcontent.com/pod-product-compliance
Lightning Source LLC
Chambersburg PA
CBHW031428130726
47989CB00003B/1057